수행자의 거울

선가귀감
禪 家 龜 鑑

청허 휴정 지음
무명 역해
김상인 감수

일러두기

『수행자의 거울-선가귀감(禪家龜鑑)』은 조선 중기의 대선사인 서산대사(西山大師) 휴정(休靜)이 저술한 선종(禪宗)의 교과서에 해당하는 책이다. '선가(禪家)'는 선종을 수행하는 사람을 뜻하며, '귀감(龜鑑)'은 거울이라는 의미로, 선종 수행자들이 본받아야 할 모범이나 지침서를 의미한다. 따라서 '선가귀감'은 선종 수행자가 삶의 지침으로 삼아야 할 교훈과 가르침을 정리한 경전이라 할 수 있다. 청허 휴정이 불경 원문을 발췌하고, 그 뒤에 산문(주해·평)과 시(송)로 자신의 해설을 붙였다. 따라서 별도의 주는 역자주이다

차
례

서
5

1~86
10

발문
205

서
序

예전에 불교를 공부하는 이들은 부처님의 말씀이 아니면 말하지 않았고 부처님의 행실이 아니면 행하지 않았도다. 그리하여 보배로 여긴 것은 오로지 패엽貝葉의 신령한 글뿐이었다. 지금의 불교를 공부하는 이들은 전하여 외우는 것이 사대부의 문장이며, 빌려 지니는 것이 사대부의 시이고, 심지어 그것을 울긋불긋한 종이에 적고 화려한 비단으로 꾸며 아무리 많아도 족한 줄 모르고 지극한 보배로 삼으니, 어찌 이다지도 예와 오늘의 불교도들의 보배가 다르다는 말인가?

내 비록 못나고 어리석지만 옛 가르침에 뜻을 두어 패엽의 신령한 글들을 보배로 삼았다. 그러나 그 글들이 오히려 번잡하고 대장경의 바다는 끝이 없을 정도로 넓으니 이후의 뜻을 같이하는 이들이 자못 가지를 헤치며 잎을 따는 수고로움을 면치 못할 것 같기에 글 가운데 가장 요긴하고 또 절절한 수백 마디를 취해 한 두루마리에 적어 놓고 보니 가위 글자는 간결하지만 뜻은 두루 갖추어졌도다.

　이로써 이 글로 엄한 스승을 삼아 끝까지 연마하고 궁구하여 오묘한 이치를 깨닫게 된다면 마디마디에 산 석가여래가 나타날 것이니 부디 힘써 볼 일이다. 그렇다 하더라도 문자를 떠난 한 구절과 격을 벗어난 기이한 보배를 쓰지 않으려는 것은 아니다. 다시 장래 별도의 근기 높은 이를 기다리노라.

　　　　　_가정嘉靖 갑자(1564) 여름, 청허당 백화도인 씀

古之學佛者 非佛之言不言 非佛之行不行也 故所寶者 惟貝葉靈文而已 今之學佛者 傳而誦則士大夫之句 乞而持則士大夫之詩 至於紅綠色其紙 美錦粧其軸 多多不足 以爲至寶 吁 何古今學佛者之不同寶也 余雖不肖 有志於古之學 以貝葉靈文爲寶也 然其文尙繁 藏海汪洋 後之同志者 頗不免摘葉之勞故 文中撮其要且切者 數百語 書于一紙 可謂文簡而義周也 如以此語 以爲嚴師 而硏窮得妙則句句 活釋迦存焉 勉乎哉 雖然 離文字一句 格外奇寶 非不用也 且將以待別機也

嘉靖 甲子夏 淸虛堂 百華道人 序

옛날 인도에서 철필로 불경의 경문을 새기던 다라수 잎을 패엽貝葉이라 한다. 독자들의 이해를 돕기 위해 흔히 이것을 풀어서 번역하기도 하는데, 의미뿐만 아니라 '패엽'이라는 단어의 형태도 살려 두어야 뒤의 '적엽지노摘葉之勞'의 은유가 제대로 살아 휴정스님의 의도가 더 잘 살 거라고 본다.

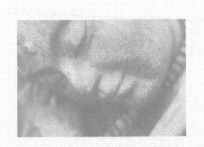

1

여기 한 물건이 있다. 본래부터 밝고 신령
스러우며, 일찍이 나지도 않았고 죽지도
않았으며, 이름을 얻지 못했고 형상을 얻
지도 못한 것이다.

有一物於此 從本以來 昭昭靈靈
不曾生 不曾滅 名不得 狀不得
유일물어차 종본이래 소소영령
부증생 부증멸 명부득 상부득

한 물건이란, 이름을 모르는 ○라. 옛사람이 이르기를 "옛 부처가 나기 전, 단정한 하나의 원[一相圓]이었으니, 석가여래도 가히 이해하지 못했는데 가섭이 어찌 전할 수 있었으랴." 하였다. 이렇게 한 물건이 된 것은 일찍이 나지도 않았고 죽지도 않았으며, 이름을 얻지 못했고 형상을 얻지도 못했음이라. 육조대사께서 대중에게 "내게 한 물건이 있다. 이름도 문자도 없는 것이다. 너희들은 알겠느냐?" 묻자, 모든 사람들로부터 알지 못하겠다는 답이 돌아왔다. 신회선사가 곧 나와서 말하기를, "모든 부처의 근원이요, 신회의 부처 성품입니다." 하였으니, 이것이 그가 육조대사의 서자가 된 연유이다. 회양선사가 숭산嵩山으로부터 와서 뵙자 육조대사가 묻기를 "어떤 물건이 이렇게 왔는고?" 하니, 선사는 어찌할 바를 몰라 하다가 마침내 8년이 지나 모름지기 스스로 깨닫고 나서야 말하길, "설사 한 물건이라 해도 맞지 않습니다." 하였다. 이것이 그가 육조대사의 적자가 된 까닭이다.

一物者 何物 ○ 古人頌云 古佛未生前 凝然一相圓 釋迦猶未會迦葉豈能傳 此一物之所以不曾生 不曾滅 名不得狀不得也 六祖告衆云 吾有一物 無名 無字 諸人還識否 神會禪師卽出曰 諸佛之本源 神會之佛性 此所以爲六祖

之孼者也 懷讓禪師 自嵩山來 六祖問曰什麼物伊麼來 師罔措 至八年 方自
肯曰 說似一物 即不中 此所以爲六祖之嫡子也

3교의 성인들(불교의 석가모니, 도교의 노자, 유교의 공자)이 이 구절
을 좇아 나왔으니 누가 이를 행할 것인가. 가진 눈썹을 아끼라.

三敎聖人 從此句出 誰是擧者 惜取眉毛

휴정스님의 주해 부분 중, 一物者 何物 ○ 古人頌云 古佛未生前 凝然一相圓을 지
금까지의 번역서들은 행갈이하여 마치 게송처럼 번역했다.
그러나 이 문장은 보다시피 게송의 형식을 띤 것이 아니다. 저자인 휴정스님이
한 물건一物을 설명하기 위해 주해로서 쓴 것이다. 따라서 원래 서술한 그대로
풀어주는 것이 주해의 성격으로도 바르지 않을까?

○: 일원상一圓相: 우리가 말하는 참과 선 등의 행위는 어느 하나로 규정할 수 있
는 게 아니다. 그것이 무엇이었든 사람들은 마음이라, 성품이라, 진리라, 혹은 도
道라 이름 붙였지만 어떤 이름으로도 맞지 않고 무슨 방법으로도 그 참 모양을
바로 그려 말할 수 없다. 따라서 크다, 작다, 많다, 높다, 낮다, 시비할 수 없으며,
거짓이라, 참이라, 망령되다, 거룩하다, 온갖 설명을 붙일 수 없기에 어쩔 수 없이
한 원으로써 그것을 나타냈던 것이다. 그에 대해 설명하거나 가르치려는 순간,
이미 "입을 열기 전에 벌써 어긋나다(미개구착未開口錯)." "도는 알거나 알지 못한
데에 속해 있지 않다[道不屬知不知]."는 말도 그래서 있는 말이다.

2

부처님과 조사가 세상에 나옴은 바람 없
이 풍랑이 인 것이다.

佛祖出世 無風起浪

불조세출 무풍기랑

주해

부처님과 조사라 함은 석가모니 부처님과 가섭을 이름하고, 세상에 나옴이란 큰 자비를 근본으로 삼아 중생을 제도하기 위해서다. 그런 연유로 한 물건으로 보면, 곧 사람마다의 면목이 본래 원만하게 이루어졌으니 어찌 타인이 분을 발라 주고 연지를 찍어줌이 가하랴. 이것이 세상에 나옴이 바람 없이 풍랑이 인 것이라 한 까닭이다. 〈허공장경虛空藏經〉에서 이르기를 "문자도 마魔의 업業, 이름과 형상도 마의 업, 심지어 부처의 말 역시 마업이라." 한 것도 이런 의미니라. 이런 사실에 비추어 볼 때 근본의 깨달음에는 부처님과 조사도 아무런 공용功用과 능력[功能]이 따로 없는 것이다.

佛祖者 世尊迦葉也 出世者 大悲爲體度衆生也 然以一物觀之 則人人面目 本來圓成 豈假他人添脂着粉也 此出世之所以起波浪也. 虛空藏經云 文字 是魔業 名相是魔業 至於佛語 亦是魔業 是此意也. 此直擧本分 佛祖無功能

송

하늘과 땅이 색을 잃고 해와 달에 빛이 없네

乾坤失色 日月無光

14

3

그러나 법에도 여러 뜻이 있고 사람에게
도 다양한 기질이 있으니 여러 가지 방편
을 세우지 않을 수 없다.

然法有多義 人有多機 不妨施設
연법유다의 인유다기 불방시설

법이란 한 물건이요 사람이란 중생이라. 법에는 변하지 않는 것과 인연을 따른다는 뜻이 있고 사람에게는 단박에 깨침[頓悟]과 점차 수행해 득도[漸修]하는 근기가 있다. 그러므로 문자나 말씀 등의 여러 방편을 세우지 않을 수 없는 것이다. 이것이 소위 '공적으로는 바늘도 용납하지 않으나 사적으로는 마차도 오간다'는 것이다. 중생이 비록 본래부터 원만하게 이루어졌다 하나 타고난 지혜의 눈이 없어 윤회의 업을 감수하는 것이니 만약 세상의 뛰어난 '금비'가 아니라면 무엇으로 무명의 두터운 막을 깎아 낼 터인가. 괴로움의 바다를 넘어 즐거운 언덕에 이르는 것은 모두 큰 자비의 은혜로서이다. 그런즉 한량없는 한 몸과 마음으로도 만분의 일이라도 보답하기 어렵다. 이것이 새로이 널리 닦아서[新熏] 부처님과 조사들의 깊은 은혜를 느끼라는 것이다.

法者 一物也 人者 衆生也 法有不變隨緣之義 人有頓悟漸修之機 故不妨文字言語之施設也 此所謂官不容針私通車馬者也 衆生雖曰圓成 生無慧目 甘受輪轉 故若非出世之金鎞誰刮無明之厚膜也 至於越苦海而登樂岸者 皆由大悲之恩也 然則恒沙身命 難報萬一也 此廣擧新熏 感佛祖深恩.

금비金錍: 과거 인도에서 의사가 눈을 수술할 때 쓰던 금으로 만든 칼이다. 지혜를 상징하는 말이기도 하다.

무명無明: 12인연因緣의 하나. 그릇된 의견이나 고집 때문에 모든 법의 진리에 어두움. 무아의 진리를 깨닫지 못하고, 자아가 있다고 집착하는 무지의 상태. 산스크리트어의 아비댜avidya를 번역한 말로, 모든 번뇌의 근원이 된다.

왕이 보전에 오르니

시골 노인들이 입을 모아 칭송하네.

王登寶殿 野老謳歌

4

억지로 여러 이름자를 붙여 혹은 마음이
라 하고, 혹은 부처라 하고, 혹은 중생이
라 했지만, 이름에 집착하여 해석하려 해
도 불가능하다.
본체는 곧 그것 자체이니, 마음이 움직이
면 곧 괴리가 생기는 것이다.

強立種種名字 或心 或佛 或衆生
不可守名而生解 當體便是 動念卽乖

강립종종명자 혹심 혹불 혹중생
불가수명이생해 당체변시 동념즉괴

한 물건에 굳이 세 가지 이름을 붙인 것은 교문教門의 부득이
함이라. 이름을 지켜 해석해 내는 것이 불가함은 역시 선법의
부득이함이라. 한 번은 들어 올리고 한 번은 누르고 돌려서
정하고 돌려서 지우는 것, 모두가 부처님 법이 자재로운 것이
다. 이처럼 윗것을 맺고 아랫것을 일으킴은 부처님과 조사들
의 방편과 본체가 각기 다름을 논한 것이다.

一物上强立三名字者 敎之不得已也 不可守名生解者 亦禪之不得已也 一
撞一捺旋立旋破 皆法王法令之自在者也 此結上起下 論佛祖事體各別

오랜 가뭄 끝에 단비를 만나고
만리타향에서 옛 친구를 보네

九旱逢佳雨 他鄕見故人

석가세존께서 세 곳에서 마음을 전한 것
은 선지(禪旨)가 되고 평생 전하신 말씀이 교
문(敎門)이 되었다. 그런 까닭에 선은 곧 부처
님의 마음이요 교는 곧 부처님의 말씀이
다.

世尊 三處傳心者 爲禪旨
一代所說者 爲敎門
故曰禪是佛心 敎是佛語
세 존 삼 처 전 심 자 위 선 지
일 대 소 설 자 위 교 문
고 왈 선 시 불 심 교 시 불 어

세 곳이라 함은 다자탑 앞에서(설법 중에 뒤늦게 누더기 차림으로 온 가섭에게) 앉은 자리를 반으로 나누어 앉게 하심이 하나요, 영취산 설법자리에서 꽃을 들어 보이심이 둘이요, 쌍수(석가모니가 열반하실 때 사방에 한 쌍씩 서 있던 사라수를 가리킴) 아래서 관 밖으로 두 발을 내어 보이심이 셋이다. 이른바 가섭존자가 선의 등불을 따로 전해 받았다는 것이 이것이다.

한평생 말씀이란 것은 49년간 설한 바 5교인데, 인천교人天教(사람이 하늘이라는 교리)가 하나요, 소승교小乘教(생각을 끊고 마음을 비워 열반의 고요함을 즐기는 것을 목표로 삼는 교리)가 둘이요, 대승교大乘教(모든 중생을 편안하게 하겠다는 원을 세운 보살들을 위한 교리)가 셋이요, 돈교頓教(단도직입적으로 불과佛果를 성취하고 오입悟入하는 교리)가 넷이요, 원교圓教(모든 생물과 무생물이 성불한다는 가르침)가 다섯이다.

이른바 아난존자가 교의 바다를 유통시킨 것이 이것이다. 그런즉 선과 교의 근원은 석가세존이요 선과 교의 갈래는 가섭과 아난이로다. 말 없음으로 말이 없는 것에 이르는 것이 선이요, 말로써 말이 없는 것에 이르는 것이 교이다. 즉 마음이 선법이요, 말이 교법이니라. 곧 법은 비록 동일하나 바라보는 견해는 하늘과 땅만큼 간극이 있다. 이것이 선과 교, 두 길을 구분하는 것이다.

三處者 多子塔前分半座一也 靈山會上擧拈花二也 雙樹下槨示雙趺三也 所謂迦葉別傳禪燈者此也 一代者 四十九年間所說五敎也 人天敎一也 小乘敎二也 大乘敎三也 頓敎四也 圓敎五也 所謂阿難流通敎海者此也 然則禪敎之源者 世尊也 禪敎之派者 迦葉阿難也 以無言至於無言者 禪也 以有言至於無言者 敎也 乃至心是禪法也 語是敎法也 則法雖一味 見解則天地懸隔 此辨禪敎二途

과오를 방치하지 마라, 풀 속에 눕게 된다.

不得放過 草裏橫身

6

그러므로, 만약 어떤 사람이 그것을 입으로만 이해한다면, 이는 다만 꽃을 들어 보이며 미소 짓는 것과 같으니, 모두 가르침教의 흔적일 뿐이다. 그러나 만약 그것을 마음으로 깨닫는다면 세상의 거친 말과 미묘한 말까지도 모두 가르침 밖에서 별도로 전해지는 선禪의 참뜻이다.

是故 若人 失之於口 則拈花微笑 皆是教迹
得之於心 則世間麤言細語 皆是教外別傳禪旨
시고 약인 실지어구 즉염화미소 개시교적
득지어심 즉세간추언세어 개시교외별전선지

법은 이름이 없는 까닭에 말이 미치지 못한다. 법은 모양이 없기에 마음이 미치지 못한다. 말로서 헤아리는 것은 본래마음의 바탕을 잃는 것이다. 본래마음의 바탕을 잃으면 곧 세존이 꽃 한 송이를 들어 보인 것과 가섭존자가 미소 지은 일이 모두 진부한 말로 떨어져 종내 죽은 물건이 될 것이다. 마음에 기대 얻는 것은, 비단 시장거리 말조차 훌륭한 설법이 될 뿐 아니라 제비의 지저귐조차도 실제모습[實相]을 깊이 있게 말하는 것이 된다. 그런 까닭에 보적선사는 상갓집 곡소리를 듣고 몸과 마음으로 기뻐하며 춤을 추었고, 보수선사는 길거리에서 주먹싸움을 보고 참 면목을 깨쳤으니, 그것이 바로 이를 말함이다. 이것이 선과 교의 깊음과 얕음을 밝힌 것이다.

法無名故 言不及也. 法無相故 心不及也. 擬之於口者 失本心王也. 失本心王 則世尊拈花 迦葉微笑 盡落陳言終是死物也. 得之於心者 非但街談善說法 要 至於鳶語 深談實相也. 是故寶積禪師 聞哭聲 踊悅身心. 寶壽禪師 見諍 拳 開豁面目者 以此也. 此明禪敎深淺

송

아름다운 진주 구슬을 손에 쥐고 이리 굴리고 저리 굴리네

明珠在掌 弄去弄來

7

내가 한마디 하자면, 생각을 끊고 인연을
잊고 홀로 우두커니 아무 일 없이 앉아 있
어도, 봄은 오고 풀은 저절로 푸르도다.

吾有一言 絶慮忘緣 兀然無事坐 春來草自靑
오유일언 절노망연 올연무사좌 춘래초자청

생각을 끊고 인연을 잊는 일은 마음에 기대 얻는 것이다. 이른바 한가로운 도인이다. 아! 그 사람 됨됨이. 본래부터 인연이 없고, 본래부터 일도 없으니 배고프면 와서 먹고, 곤해지면 와서 자고, 맑은 물 푸른 산을 임의로 소요하며 어물전이나 주막에서도 평안하고 한가롭게 지내도, 세월과 나이를 모두 알지 못하는 채로 봄은 변함없이 옛 모양으로 오고, 풀은 저절로 푸르게 된다. 이는 별도로 지혜의 빛을 돌이켜 비추어 보는 사람을 찬탄한 것이다.

絶慮忘緣者 得之於心也 所謂閑道人也 於戲 其爲人也 本來無緣 本來無事 飢來卽食 困來卽眠 綠水靑山任意逍遙 漁村酒肆 自在安閑 年代甲子摠不知 春來依舊 草自靑 此別歎一念廻光者

사람이 없을까 싶었는데 다행히 하나가 있었구나

將謂無人 賴有一箇

8

교문教門은 오직 일심법一心法을 전하고, 선
문禪門은 오직 견성법見性法을 전한다.

敎門惟傳一心法 禪門惟傳見性法
교문유전일심법 선문유전견성법

교문敎門: 경전經典과 이론을 중심으로 수행하는 학파로 논리적 분석,
이론적 해석, 경전 연구 등을 통해 깨달음悟을 추구한다. 주로 화엄종華
嚴宗, 천태종天台宗, 법상종法相宗 등의 교학 중심 종파가 이에 해당한다.
대표적인 교학 전통으로는《화엄경華嚴經》,《법화경法華經》,《유식론唯識
論》등의 연구가 있다. 교문이 말하는 "일심법一心法"은 "마음은 본래 하
나이며 모든 법이 오직 마음에서 나온다"는 가르침을 전한다는 뜻이다.
선문禪門: 좌선坐禪과 직관적 수행直指修行을 통해 깨달음을 얻고자 하
는 문파로 주로 선종禪宗을 의미한다. 언어적 분석보다는 직관적 체험直
觀的 體驗과 견성見性(본래 성품을 봄)을 강조한다.
경전보다 '이심전심以心傳心', '불립문자不立文字'라는 수행 방식을 중시
하며, 화두話頭와 참선參禪 수행을 한다.'
'견성법見性法'은 "본래 자신의 성품을 직접 깨닫는 법"을 전수한다는 의
미이다.

마음은 거울의 본체와 같고 성품은 거울의 빛과 같아서 성품 스스로 청정하니, 즉 의문시되던 것을 막힘없이 확연하게 깨달을 때, 거짓이나 꾸밈이 없는 참마음을 얻는다. 이는 깨우친 한 생각[一念]을 특별히 중요하게 여긴 것이다.

心如鏡之體 性如鏡之光 性自淸淨 卽時豁然 還得本心 此祕重得意一念

겹겹의 산과 물은 맑고 깨끗한 예전의 가풍이다

重重山與水 淸白舊家風

마음에는 두 종류가 있어 하나는 그 자체 본래의 마음이고 두 번째는 무명으로 현상을 취하려는 마음이다. 성품에도 두 종류가 있어, 하나는 그 본래의 법성이고 두 번째는 본성과 현상이 서로 마주 대하고 있는[性相對性] 성품이다. 그러므로 선을 닦는 이나 교를 공부하는 이가 똑같이 미혹하여

이름을 고수하고 알음알이를 내어 얕은 것을 깊다 하고 깊은
것을 얕다 하여 실상을 관찰하는 수행에 큰 병통을 일으키
므로 여기서 그것을 분별하려 함이다.

評曰 心有二種 一本源心 二無明取相心也 性有二種 一本法性 二性相相對
性也 故禪敎者同迷守名生解 或以淺爲深或以深爲淺 遂爲觀行大病 故於
此辨之

그러나 모든 부처님이 말씀하신 경전에서
는 우선 모든 법을 분별하고 나서, 그후에
필경에 공畢竟空(궁극적으로 비어 있음)의 이치를
설하셨다. 조사들이 보이신 구절은 자취
가 마음자리에서 끊어지면 이치가 마음
의 근원에서 드러났다.

然諸佛說經 先分別諸法 後說畢竟空
祖師示句 迹絶於意地 理顯於心源
연제불설경 선분별제법 후설필경공
조사시구 적멸어의지 이현어심원

모든 부처님은 만대가 의지하는 까닭으로 이치를 자세하게 보이셨고, 조사들은 상대를 즉시 깨우치게 하는데 있으므로 의지를 깊은 도리에 통하게 했으니, 적迹은 조사의 말씀 자취요, 의意는 배우는 이들의 의지라.

諸佛爲萬代依憑故 理須委示 祖師在卽時度說 故意使玄通 迹 祖師言迹也 意 學者意地也

평

어찌 어지러이 손가락질인가, 팔은 밖으로 굽지 않거늘.

胡亂指注 臂不外曲

호란지주胡亂指注에 대한 번역이 백인백색이다.
'지주指注'는 문자대로 하면, 손가락으로 가리켜 알려주는 행위를 가리킨다. 따라서 누군가 '복잡하게 알려준다고 해서 본래 것이 바뀌지 않는다'는 의미로 쓰인 것으로 보인다. 이렇듯 쓰여 있는 그대로 옮겨주는 게 번역자의 몫이고, 그 뜻을 새기는 것은 읽는 이, 공부하는 이의 몫이라 믿는다.

부처님들은 활등같이 말씀하셨고 조사들은 활줄처럼 말씀하셨다. 부처님이 말씀하신 걸림없는 법이란 모름지기 한 맛으로 돌아감이다. 이 한 맛의 자취마저 떨쳐버려야 모름지기 조사가 보인 한 마음이 드러나게 된다. 그러므로 뜰 앞의 잣나무 화두는 용궁의 장경 속에도 있지 않다고 한다.

諸佛說弓 祖師說絃 佛說無碍之法
方歸一味 拂此一味之迹 方現祖師所示一心
故云庭前栢樹子話 龍藏所未有底

제불설궁 조사설현 불설무애지법
방귀일미 불차일미지적 방현조사소시일심
고운정전백수자화 용장소미유저

활등처럼 말씀하셨다는 것은 상세하게 설명하셨다는 것이고, 활줄처럼 말씀하셨다는 것은 핵심을 가리킨다는 뜻이다. 용장龍藏은 용궁의 장경을 말함이다. 한 스님이 조주선사에게 물었다. "조사가 서쪽에서 온 뜻이 무엇입니까?" 조주선사가 답하길, "뜰 앞의 잣나무라". 이는 소위 보통의 격에서 벗어난 선지禪旨를 말한다.

說弓曲也. 說絃直也. 龍藏 龍宮之藏經也. 僧問趙州 如何是祖師西來意 州答云 庭前栢樹子 此所謂格外禪旨也

물고기 헤엄치니 물이 흐려지고
새가 날아가니 깃털이 떨어지네.

魚行水濁 鳥飛毛落

한 맛: 일미—味. 모든 사물은 낱낱이 다른 듯하지만, 실상은 절대 다르지 않고 똑같은 것[眞如]이다.

장경: 석가여래께서 45년간 많은 사람이 모인 큰 법회에서 말씀하신 것이 3백 여회였고, 개인이나 몇 사람을 상대로 말씀하신 것은 헤아릴 수 없이 많았다. 여래께서 세상을 떠나신 후에 제자들이 그 말씀을 경經 율律 논論, 삼경三藏으로 엮었다. 모든 진리가 그 속에 갖추어 있으므로 큰 창고와 같다 해서 대장경이라고 한 것이다. 또한 그 글의 분량이 하도 많고 그 뜻이 깊고 넓어 장경바다[藏海] 혹은 교의 바다[敎海]라고 한다.

조사서래의祖師西來意: 중국 선종의 초대조사 달마대사가 중국에 와서 불교의 대혁신을 일으켰다. 경전이나 모든 글이 소용없다 해서 불립문자를 표방하였고, 계율이나 염불이나 송주誦呪를 죄다 부정했다. 오로지 마음을 살피는 한 가지 일에 모든 행이 들어 있다(관심일법총취제행)하고, 바로 마음을 가리켜 대번에 성품을 보고 부처가 되게 한다(직지인심 경성성불)고 하였다.

그러므로 공부하는 이는 먼저 교敎의 말
씀으로 변하지 않는 것과 인연을 따르는
두 가지 뜻이 곧 내 마음의 성품과 형상
이고, 돈오와 점수의 두 가지 문이 곧 자
기 수행의 시작과 끝임을 자세히 가려 알
아야 한다. 그런 연후에 교의 뜻에 대한
일체의 집착을 버리고 오직 내 마음이 뚜
렷이 드러난 한 생각으로서 참선한다면
반드시 얻는 바가 있을 것이다. 이것이야
말로 큰 자유와 해탈을 얻는 길이다.

故學者 先以如實言敎 委辨不變隨緣二義 是自心之性相
頓悟漸修兩門 是自行之始終 然後放下敎義 但將自心
現前一念 叅詳禪旨則 必有所得 所謂出身活路.

고학자 선이여실언교 위변불변수연이의 시자심지성상
돈오점수양문 시자행지시종 연후방하교의 단장자심
현전일념 삼상선지즉 필유소득 소위출신활로.

배우고 수행하는 데 있어 자질이 남보다 뛰어난 사람은 이 같은 한계에 머무르지 않지만, 자질이 보통이거나 낮은 사람은 단계를 건너 뛰어 오름이 불가하다. 교의 뜻이란 변하지 않는 것과 인연을 따르는 것, 돈오(단박에 깨우침)와 점수(점차 닦음)에는 선후가 있다는 말이요, 선법은 한 생각 중에 변하지 않는 것과 인연을 따르는 것, 만물의 본바탕과 형상, 본체와 작용이 본래 한때에 있으므로, 같다는 생각도 떠나고 같지 않다는 생각도 떠나며, 같다는 생각이 옳기도 하고 옳지 않기도 한다. 그러므로 큰 스승들은[宗師] 법에 의거하되, 말을 여의고 곧바로 한 생각을 가리켜 성품을 보고 부처가 되게 하는 것이니 교의 뜻에 집착하지 않고 놓아 버린다는 것이 바로 이것이다.

上根大智 不在此限 中下根者 不可獵等也 敎義者 不變隨緣 頓悟漸修 有先有後 禪法者 一念中 不變隨緣 性相體用 元是一時 離卽離非 是卽非卽 故宗師據法離言 直指一念 見性成佛耳 放下敎義者 以此

송

밝고 뚜렷할 때 깊은 골짜기에 구름 끼고

깊고 은밀한 곳에 맑은 하늘 해가 뜨다.

明歷歷時 雲藏深谷 深密密處 日照晴空

12

무릇 배우는 자라면 모름지기 살아 있는
말[活句]을 참구해야지 죽어 있는 말[死句]을
참구하지 말아야 한다.

大抵學者 須叅活句 莫叅死句
대저학자 수참활구 막참사구

'살아 있는 말[活句]'에서 깨달음을 얻으면 감히 부처나 조사와 더불어 스승이 될 것이지만 '죽어 있는 말[死句]'에서 얻는다면 자신도 구제하지 못할 것이다. 이하는 특히 살아 있는 말을 들어 스스로 깨쳐 들어가게 함이다.

活句下薦得 堪與佛祖爲師 死句下薦得 自救不了 此下特擧活句 使自悟入

임제를 만나려면 모름지기 뜻이 굳세어야 하리.

要見臨濟 須是鐵漢

평

화두에는 글귀[句]와 뜻[意]의 두 가지 문[門]이 있다. 글귀를 참구한다는 것은 '깨달음을 얻는 지름길[經截門]'이 되는 살아 있는 말을 말함이니, 마음 길이 끊어지고 말의 길이 끊어져서 모색할 길이 없기 때문이다. 뜻을 참구한다는 것은 두루뭉술하게 깨달음을 얻었다[圓頓門]고 하는 죽어 있는 말을 가리키니, 이치의 길이 있고 말의 길이 있어 듣고 이해하고 생각할 수 있기 때문이다.

評曰 話頭有句意二門 叅句者 徑截門活句也 沒心路 沒語路 無摸索故也 叅意者 圓頓門死句也 有理路 有語路 有聞解思想故也

무릇 참구하는 공안公案에 대해 절실한 마음으로 공부하여야 하니, 닭이 알을 품듯, 고양이가 쥐를 잡듯, 배고픈 자가 음식을 생각하듯, 목마른 자가 물을 생각하듯, 아기가 엄마를 생각하듯 하면, 반드시 꿰뚫어 통하게[透徹] 되는 시기가 있다.

凡本叅公案上 切心做工夫 如雞抱卵 如猫捕鼠
如飢思食 如渴思水 如兒憶母 必有透徹之期

범 본 참 공 안 상 절 심 주 공 부 여 계 포 란 여 묘 포 서
여 기 사 식 여 갈 사 수 여 아 억 모 필 유 투 철 지 기

조사의 공안은 1,700가지[則]나 있는 바, '개에게는 불성이 없다[狗子無佛性]', '뜰 앞의 잣나무[庭前栢樹子]', '삼세근[麻三斤]', '마른 똥막대기[乾屎橛]' 같은 류의 것들이다. 닭이 알을 품을 때는 따뜻한 기운을 계속해서 이어가고, 고양이가 쥐를 잡을 때는 마음과 눈이 움직이지 않는 법이다. 굶주린 자가 음식을 생각하고, 목마른 자가 물을 생각하며, 아이가 엄마를 떠올리기에 이르는 것은 모두 진심으로부터 우러나오는 것이니, 억지로 꾸며 내는 마음이 아니므로 절실하다고 하는 것이다. 선을 참구하는 데 이 절실한 마음이 없으면 능히 꿰뚫어 통하는 법은 있을 수 없는 것이다.

祖師公案 有一千七白則 如狗子無佛性 庭前栢樹子 麻三斤 乾屎橛之類也 雞之抱卵 暖氣相續也 猫之捕鼠 心眼不動也 至於飢思食 渴思水 兒憶母 皆出於眞心 非做作底心 故云切也 參禪無此切心 能透徹者 無有是處

공안公案: 선종에서, 조사가 수행자를 인도하기 위하여 제시하는 과제. 화두.
본참: 자신의 본래면목을 참구하는 화두.
마삼근麻三斤: 참선 화두로 널리 알려져 있는 '마삼근(삼이 세 근이다)' 화두는 동산 수초선사와 어느 스님 사이에서 우연찮게 시작되었다.

어느 스님 한 명이 당대의 대선사였던 수초선사를 찾아 가르침을 구했다.

그 스님이 수초 선사를 찾았을 때 선사는 마침 저울로 삼麻을 달고 있었다.

스님이 긴장해서 선사에게 물었다.

"스님 부처란 무엇입니까?" 그러자 선사가 무심히 답했다. "삼이 세 근이군."

이것이 마삼근 화두의 발단이다.

이후 '마삼근'이라는 말은 전국의 선방으로 퍼져 갔다. 수초스님은 왜 부처를 마삼근이라 한 것일까? 부처님과 마가 어째서 같은 것일까?

온갖 의문과 나름의 대답들이 전국에 떠돌았다. 그러던 어느 날 한 수좌가 당시 신망을 받고 있던 지문화상에게 그에 대해 물었다.

"어째서 동산 수초스님께서는 부처님을 '마삼근'이라고 한 걸까요?"

그에 지문 스님이 수좌를 바라보고 주위를 보면서 대답하길

"화족족 금족족花簇簇 錦簇簇"이라 했다.

'말'만 두고 보면 화족족은 꽃이 무더기로 피어 있다는 것이고, 금족족은 비단이 펼쳐 있다는 뜻일 것이다. 이에 수좌는 지문화상에게 다시 물었다.

"스님, 꽃과 비단은 또 무엇을 뜻하는 것이옵니까?"

그러자 지문화상이 다시 답하길, "남지지죽 북지지목南地之竹 北地之木"이라 하였다.

다시 글자 그대로 하면 '남녘 땅에서 대나무가 북녘땅에서는 나무이다.'라는 말이다.

그 말에 스님은 더욱 아득해졌다.

그리하여 그는 다시 수초선사를 찾았다. 그리고는 그간의 과정을 자세히 설명하고 가르침을 구했다.

이에 대해 수초선사는 대중을 모아 놓고 이렇게 답했다 한다.

言無展事 말로 일의 전개를 다 밝힐 수 없고

語不投機 말씀으로 부처님의 심기心機를 깨달을 수 없고

承言者喪 말로 뜻을 이으려는 자는 잃을 것이오

滯句者迷 글귀에 매달리는 자는 미혹한 자다

보다시피 전부 '말'에 대한 이야기다.

이를 두고도 백인백색 의견이 분분하다.

그런데 이것을 편견을 걷어 내고 번역되기 전의 원문 그대로 두고 보면 어찌 될

까?

우선 어느 이름 없는 스님이 수초선사에게 부처님에 대해 물었을 때, 선사는 그 물음 자체가 서툴고, 답이 있는 게 아니었기에, 그냥 삼을 저울에 다는 일을 계속하면서 그 무게가 '세 근'이라 하고 달리 다른 말을 하지 않은 것인데, 이 스님은 그 '마삼근'에 무슨 큰 뜻이라도 있나 싶어서 고민하며 주위에 묻고 다니니, 자연스레 소문이 퍼졌고, 그걸 듣고 궁금증이 인 한 수좌가 지문화상에게 물으니 역시 주변의 꽃무더기를 바라보며, '화족족 금족족'이라 은유적으로 답한 것이고, 그 말을 이해하지 못하고 다시 묻자, '같은 것을 두고 남쪽에선 대나무라 부르고 북쪽에선 그냥 나무라 한다'고 다시 비유해서 말한 것이다. 그런데 수좌는 또 이걸 마음에 담아두었다가는 마삼근의 시초자인 수초선사를 찾아가 그 의미를 물었고, 수초선사는 그에 대해 저렇게 답한 것이다. "언무전사 어불투기 승언자상 체구자미."

즉 모든 걸 말로써 설명할 수는 없는 것이니, 말에 얽매이지 말라는 것이고, 그럼에도 깨달음을 말이나 문구 하나에 집착하려는 자는 어리석은 자라고 가르치고 있는 것이다.

여기에 무슨 어려운 해석이 필요할까?

간시궐 乾屎橛: "어떤 것이 부처입니까?" 하는 물음에 운문 문언선사가 답하길, "간시궐(마른 똥막대기)이니라." 하였다.

14

선禪을 참구하는 데는 세 가지 요소를 갖
추어야 한다. 첫째는 큰 신심, 둘째는 분
발하려는 큰 의지, 셋째는 의심하는 큰 마
음이다. 만약 그중 하나라도 빠뜨린다면
다리 부러진 솥과 같으니 못쓰게 될 그릇
이 되리라.

參禪須具三要 一有大信根 二有大憤志
三有大疑情 苟闕其一 如折足之鼎 終成廢器

참선수구삼요 일유대신근 이유대분지
삼유대의정 구궐기일 여절족지정 종성폐기

부처님께서 이르시길, "성불하려는 자는 믿음이 근본이다."라고 하셨고, 영가스님이 이르시길, "수도자는 모름지기 우선 뜻을 세워야 한다."라고 하셨으며, 몽산스님이 이르시길 "참선자가 말과 글에 의문을 품지 않으면 큰 병이니라." 하시고, 또 이르시길 "크게 의심하여야 반드시 큰 깨달음이 있다."고 하였다.

佛云 成佛者 信爲根本 永嘉云 修道者 先須立志 蒙山云 叅禪者 不疑言句 是爲大病 又云大疑之下 必有大悟

일상에서 무슨 일을 하든 오직 '개에게는 불성이 없다'는 화두를 들어야 한다. 오나 가나 이 화두를 들고서 놓치지 않고 계속 의심하고 의심하여 이치의 길이 끊어지고, 뜻의 길이 끊어지며 음식 맛도 느껴지지 않아 마음과 머리에 열이 나고 답답해질 때, 바로 이 자리가 몸과 목숨을 내려놓을 자리이니, 또한 부처가 되고 조사가될 근본 바탕이다.

日用應緣處 只擧狗子無佛性話 擧來擧去 疑來疑去
覺得沒理路 沒義路 沒滋味 心頭熱悶時
便是 當人放身命處 亦是成佛作祖底基本也

일용응연처 지거구자무불성화 거래거거 의래의거
각득몰이로 몰의로 몰자미 심두열민시
변시당인방신명처 역시성불작조저기본야

한 스님이 조주 선사에게 "개에게도 불성이 있습니까?" 하고 물으니 조주 선사가 말하길, "없다."고 대답했다. 이 한 마디가 우리 종문의 으뜸 관문이며, 숱하게 잘못된 알음알이를 꺾은 연장이고, 모든 부처님의 면목이고, 모든 조사들의 골수다. 이 관문을 뚫고 나간 후에라야 부처나 조사가 되는 기본이 된다.

옛 사람이 게송으로 읊기를

조주의 무서운 칼이 서릿발처럼 빛을 내며

의심해 묻는다면 몸뚱이를 양단 내네

僧問趙州 狗子還有佛性也無 州云無 此一字子 宗門之一關 亦是摧許多惡知惡覺底器仗 亦是諸佛面目 亦是諸祖骨髓也 須透得此關然後 佛祖可期也 古人頌云 趙州露人劍 寒霜光燄燄擬議問如何 分身作兩段

趙州露人劍 寒霜光燄燄 擬議問如何 分身作兩段

16

화두는 들고 일어나는 곳에서 알아 차리
려 하지 말고, 생각하여 헤아려 판단하지
도 말며, 미혹하게 깨닫기를 기다리기만
해서도 얻지 못한다. 나아가 생각하고 헤
아려야 하는 곳에서 생각하고 헤아림이
불가능해, 마음이 더 이상 나아갈 곳이
없으니, 마치 늙은 쥐가 쇠뿔 속으로 들어
가 돌아 나올 수 없는 지경에 이르는 것과
같음이라. 또 평소에 분별하여 따지고 맞
춰 보는 것도 사람의 알음알이識情요, 생사
를 따라 휩쓸려 옮겨 다니는 것도 사람의
알음알이요, 두려워하고 겁내고 어찌할
바를 모르는 것도 알음알이다. 요즘 사람

들은 이것이 병통임을 알지 못하고 다만 자신의 속내에 틀어박혀 머리로만 들락날락하고 있을 뿐이다.

話頭不得擧起處承當 不得思量卜度 又不得將迷待悟
就不可思量處思量 心無所之 如老鼠入牛角便見倒斷也
又尋常計較按排底 是識情 隨生死遷流底 是識情
怕怖惕惶底 是識情 今人不知是病 只管在裏許 頭出頭沒

화두부득거기처승당 부득사량복탁우부득장미대오
취불가사량처사량 심무소지 여노서입우각변견도단야
우심상계교안배저 시식정 수생사천류저 시식정
파포장황저 시식정 금인부지시병 지관재리허 두출두몰

화두에는 10가지 종류의 병통이 있으니,

뜻을 헤아려 판단하려는 것, 눈썹을 치켜올리거나 눈을
깜박이는 것을 붙잡고 있는 것, 말 길에서 살아갈 방도를 짓는
것, 문자를 끌어다 증거를 삼으려는 것, 들어 일으키는 곳에
서 받아들이는 것, 있는 것을 다 날려버리고 일 없이 들어 앉
아 있는 것, 의기양양하게 일 없이 방 안에 있는 것, 있다는 것
과 없다는 것으로 아는 것과 참으로 없는 것이 없다는 것으로
아는 것, 도리를 통해 알려고 하는 것, 미혹하므로 깨치기를
기다리기만 하는 것.

이 열 가지 종류의 병통과 이별하는 것은 오직 화두를 들
때 정신을 차려 오로지 '이것이 무슨 뜻인가?'를 의심하는 것
뿐이다.

話頭有十種病 曰意根下卜度 曰揚眉瞬目處 垜根 曰語路上作活計 曰文字
中引證 曰舉起處承當 曰颺在無事匣裏 曰作有無會 曰作眞無會 曰作道理
會 曰將迷待悟也. 離此十種病者 但舉話時 畧抖擻精神 只疑是箇甚麼

17

이 일은 마치 무쇠 소 등에 오른 모기가
어찌 되었건 상황을 따지지 않고, 피를 빨
수 없는 곳에 주둥이를 대고 목숨을 걸고
한번 뚫어 보자고 온몸으로 뚫고 들어가
는 것과 같은 것이다.

此事 如蚊子上鐵牛 便不問如何若何
下觜不得處 棄命一攢 和身透入

차사 여문자 상철우 갱불문 여하약 하
하 취부득 처 기명일찬 화신투입

위에서 말한 뜻을 마무리 짓자면, 가령 '살아 있는 말[活句]'을 참구하는 자는 물러서거나 굴복해서는 얻을 수 없다는 말이다.

옛사람이 이르기를 참선은 모름지기 조사의 관문을 뚫는 일이고, 오묘한 깨달음은 마음 길을 끊는 것이 요구된다 하였다.

重結上意 使叅活句者 不得退屈 古云 叅禪 須透祖師關 妙悟要窮心路絶

18

공부는 거문고 줄을 고르는 원리와 같아
서 팽팽함과 느슨함이 적절해야 한다.
지나치게 부지런하면 집착에 가까워지고
소홀히 하면 진리에 어두워지게 된다. 또
렷하고 분명하게 하면서도 끊임없이 이어
져야 한다.

工夫如調絃之法 緊緩得其中 勤則近執着
忘則落無明 惺惺歷歷 密密綿綿

공부여조현지법 긴완득기중 근즉근집착
망즉락무명 성성역력 밀밀면면

거문고 타는 사람이 말하기를, 완급을 적절히 조절한 연후에야 맑은 소리가 널리 퍼질 수 있다고 했다. 공부 또한 이와 같아서, 서두르면 혈기가 요동치고, 정신을 놓으면 귀신 굴에 들어가는 것과 같으니, 느리지도 빠르지도 않게 하는 그 가운데에 오묘함이 있다.

彈琴者曰 緩急得中然後 淸音普矣 工夫亦如此 急則動血囊 忘則入鬼窟 不徐不疾 妙在其中

―――――――

여조현지법如調絃之法: 부처님 제자 중에 소나라는 비구가 있었다. 그는 밤에 잠도 자지 않고 열심히 정진했으나 깨치지 못해 비관하고 있었다. 부처님이 그 심중을 알고 물었다. "세속에 있을 때 거문고를 타 본 일이 있느냐?" 소나가 타 보았다고 답했다. "그럼 그 줄을 너무 죄면 소리가 어떻더냐?" "소리가 끊어집니다." "너무 늦추면?" "소리가 제대로 나지 않습니다." 부처님이 말씀하셨다. "그렇다. 정진도 그와 같이 해야 한다. 너무 조급히 하면 들떠서 병나기 쉽고, 너무 느리면 게을러 빠져 못쓰게 된다. 그러니 너무 집착하지도 말고 게으르지도 않게 꾸준히 힘써 닦도록 해라." 소나는 이와 같은 가르침을 듣고, 그때부터 거문고 줄을 고르듯 정진하여 마침내 깨치게 되었다.

19

공부가 성숙하여 걸어가면서도 걷는 줄
모르고 앉아도 앉는 걸 모르는 경지에 이
르면, 바로 그때 팔만사천 마귀의 무리가
눈, 귀, 코, 혀, 몸, 뜻의 육근六根 문 앞에서
지키고 있다가, 마음을 따라 온갖 계책을
꾸밀 것인데, 만약 마음이 움직이지 않으
면 무슨 상관이 있으리오.

工夫到行不知行 坐不知坐 當此之時 八萬四千魔軍
在六根門頭伺候 隨心生設 心若不起爭如之何

공부도행부지행 좌부지좌 당차지시 팔만사천마군
재육근문두사후 수심생설 심약불기 쟁여지하

마귀는 생사를 즐기는 귀신의 이름이요, 팔만사천의 마귀 무리란 곧 중생의 팔만사천 가지 번뇌라. 마귀는 본래 종자가 없지만, 수행자가 바른 생각을 잃으면 마침내 근원을 떠나 생각이 흩어진다.

중생은 그 환경(경계)에 순응하므로 탈이 없고, 도인은 그 경계에 역행하므로 곤란을 겪는다. 그래서 '도가 높으면 마귀도 성해진다' 하는 것이다. 선정禪定 중에 혹 상복 입은 자를 보고 도끼로 자기 허벅지를 찍거나, 산돼지를 보고 자기 코를 붙잡는 것 역시 자기 마음에서 망령된 견해를 일으켜 외부 마귀에 감응하는 것이다. 만약 마음이 움직이지 않는다면 마귀의 가지가지 재주가 도리어 물을 베고 빛을 불어서 꺼 버리려는 격이 되고 말 것이다. 옛말에 이르길 "벽에 틈이 생기면 바람이 움직이고 마음에 틈이 생기면 마귀가 침입한다" 하였다.

魔軍者 樂生死之鬼名也 八萬四千魔軍者 乃衆生八萬四千煩惱也 魔本無種 修行失念者 遂派其源也 衆生順其境故順之 道人逆其境故逆之 故云道高魔盛也 禪定中 或見孝子而斫股 或見猪子而把鼻者 亦自心起見 感此外魔也 心若不起 則種種伎倆 翻爲割水吹光也 古云 壁隙風動 心隙魔侵

견효자이작고見孝子而斫股: 옛날 한 선사가 좌선하는데 상복 입은 사람이 송장을 메고 와서 '왜 우리 어머니를 죽였느냐'고 따져 묻자 시비가 붙어 선사가 도끼로 그 상주를 찍었는데, 후에 보니 자기 다리를 찍은 것이었다는 고사.

견저자이파비자見猪子而把鼻者: 한 선사가 공부를 하는데 산돼지가 와서 달려들기에 그 코를 잡고 소리치다 정신이 들어 보니 자기 코를 잡고 있었다는 고사.

20

마음이 동요를 일으키는 것, 이것이 천마
天魔요, 동요를 일으키지 않는 것은 음마陰
魔다. 혹은 동요가 일거나 혹은 일어나지
않거나 하는 것, 이것이 번뇌마煩惱魔다. 그
런데 우리 정법正法 중에는 본래 이와 같은
일은 없다.

起心 是天魔 不起心 是陰魔
或起或不起 是煩惱魔
然我正法中 本無如是事

기심 시천마 불기심 시음마
혹기혹불기 시번뇌마
연아 정법중 본무여시사

대체로 보아 속세의 일이나 욕심을 잊는 일, 이것이 부처님의 도요, 분별하는 것은 마귀의 경계다. 그런데 마귀가 생기는 것은 꿈속의 일인데 어찌 잘잘못을 가려 꾸짖는데 힘쓰랴.

大抵忘機 是佛道 分別 是魔境 然魔境夢事 何勞辨詰

공부를 만약 한 조각이라도 이룬다면, 비
록 금생에 깨우침을 얻지 못한다 해도, 마
지막 눈을 감을 때 악업에 끌려가지는 않
으리라.

工夫若打成一片 則縱今生透不得
眼光落地之時 不爲惡業所牽

공부약타성일편 즉종금생투부득
안광낙지지시 불위악업소견

업業이란 어두운 무명이요 선禪이란 밝은 지혜이니 밝음과 어

두움이 서로 맞설 수 없는 것은 당연한 이치다.

業者無明也. 禪者般若也. 明暗不相敵 理固然也

흔히 업이라 하면 악업을 연상하지만 선업善業도 업이다. 같은 행위이면서 밝고
떳떳한 업은 선업이 되고, 어둡고 떳떳하지 못한 행위는 악업이 된다. 즉 행동만
이 아니라 말이나 생각으로 하는 온갖 움직임을 업이라 할 때, 업이란 말 자체는
선과 악 이전의 행위인 것이다.

22

무릇 참선자라면 네 가지 은혜의 깊고 두
터움을 돌아보아야 하지 않겠는가? 네
가지 요소로 이루어진 추한 몸이 매 순
간 썩어 가고 있음을, 사람 목숨이 숨 한
번에 달려 있음을 돌아보아야 하지 않을
까? 살아가면서 부처와 조사를 만난 적은
있는지, 또한 더할 나위 없는 법^法을 듣고
참으로 귀한 법이라는 마음을 내었는가?
중이라면 절을 떠나지 않고 절의를 지켰
는지, 이웃과 쓸데없는 잡담이나 나누며
지내고 있는 것은 아닌지 돌아보아야 하
지 않을까? 분주하게 시비를 일삼고 있는
것은 아닌지, 화두가 하루 종일 또렷하고

어둡지 않은지를 돌아보아야 하지 않을까? 사람들과 대화를 나눌 때조차 잠시라도 그치거나 끊어짐이 없는지, 보고 듣고 느낄 때 한 조각이라도 이루어 내었는지 돌아보아야 하지 않을까? 자기를 돌아보아 부처와 조사의 허물을 잡아 냈는지, 이 생에서 계속해서 부처의 지혜를 이을지를 결정했는지 돌아보아야 하지 않을까? 앉고 눕고 편할 때 지옥의 고통을 돌아보아야 하지 않을까? 이 한 몸 던져서 정히 윤회를 벗어날 수 있을지, 마땅히 여덟 가지 바람이 불어오는 경우에도 마음이 움직이지 않았는지 돌아보아야 하지 않을까?

이것이 참선하는 이들이 일상생활 중에서도 점검해야 할 도리이니, 옛사람이 "이

몸이 지금 생에 깨우침을 향해 나아가지
않는다면 다시 언제를 기다려 제도할 수
있을까.″라고 하신 것이다.

大抵參禪者 還知四恩深厚麼 還知四大醜身
念念衰朽麼 還知人命在呼吸麼
生來値遇佛祖麼 及聞無上法 生希有心麼 不離僧堂守節麼
不與鄰單雜話麼 切忌鼓扇是非麼話頭十二時中 明明不昧麼
對人接話時 無間斷麼 見聞覺知時 打成一片麼
返觀自己 捉敗佛祖麼 今生決定 續佛慧命麼
起坐便宜時 還思地獄苦麼 此一報身 定脫輪廻麼
當八風境 心不動麼 此是參禪人日用中 點檢底道理
古人云 此身不向今生度 更待何生度此身

대저참선자 환지사은심후마 환지사대추신
염념쇠후마 환지인명 재호흡마
생래치우불조마 급문무상법 생희유심마 불리승당 수절마
불여인단 잡화마 절기고선시비마 화두십이시중 명명불매마
대인접화시 무간단마 견문각지시 타성일편마
반관자기 착패불조마 금생결정속불혜명마
기좌편의시 환사지옥고마 차일보신 정탈윤회마
당팔풍경 심부동마 차시참선인 일용중점검저도리
고인운차신불향금생도 갱대하생도차신

네 가지 은혜란 부모와 나라와 스승과 시주의 은혜라. 네 가지
로 된 추한 몸이란, 아버지의 정수 한 방울과 어머니의 피 한
방울로, 습한 물의 기운이라. 정수가 뼈가 되고 피가 살이 되
는 것은 단단한 땅의 기운이다. 정기와 피 한 덩어리 썩어 문드
러지지 않는다는 것은 따뜻한 불의 기운이고, 콧구멍이 먼저
만들어져 들숨 날숨이 통한다는 것은 바람의 움직임이다.

아난존자가 말하기를 "정욕이 거칠고 흐려서 더럽고 비린
것이 어울려 뭉쳐지니 이것을 소위 더러운 몸이라 부른다. 순
간순간 노쇠해 간다는 것은 머리 위 시간 잠시도 멈추지 않아
얼굴에 주름이 잡히고 머리털이 백발 되니, 지금은 이미 옛날
같지 않고 후일이 당연히 지금 같지 않으니 이것이 무상의 실
체라. 그러므로 무상의 귀신은 죽이는 것으로 놀이 삼으니 순
간순간이 어찌 두렵지 않으리오.

날숨은 내쉬는 숨의 불기운이요, 들숨은 들이마시는 숨
의 바람기운이니 사람 목숨이 오로지 들숨과 날숨에 붙어 있
다. 여덟 가지 바람이란 좋은 경계와 나쁜 경계를 나눈 것이
요, 지옥의 고통이란 인간세계의 육십 겁이 하루가 되는데 쇳
물이 끓고 숯불이 튀고 날카로운 칼들의 숲과 산에 끌려 다

니는 고통이니 입으로 이루 표현할 수 없음이라.

　사람의 몸을 다시 받아 나기는 마치 바다에 떨어진 바늘을 찾기보다 어려운 일이므로 여기서 불쌍히 여기어 일깨운 것이다.

四恩者 父母君師施主恩也 四大醜身者 父之精一滴 母之血一滴者 水大之濕也 精爲骨 血爲皮者 地大之堅也 精血一塊 不腐不爛者 火大之暖也 鼻孔先成 通出入息者 風大之動也 阿難曰 欲氣矗濁 腥臊交遘 此所以醜身也 念念衰朽者 頭上光陰 刹那不停 面自皺而髮自白 如云今旣不如昔 後當不如今 此無常之體也 然無常之鬼 以殺爲戱 實念念可畏也 呼者 出息之火也 吸者 入息之風也 人命寄托 只在出入息也 八風者 順逆二境也 地獄苦者 人間六十劫 泥犁一晝夜 鑊湯爐炭劍樹刀山之苦 口不可形言也 人身難得 甚於海中之鍼故 於此愍而警之

평

위에서 말한 법어는 사람이 물을 마실 때 차가운지 따뜻한지는 자신만이 아는 것이니, 총명함만으로는 업에 맞설 수 없고 마른 지혜만으로는 생사의 윤회를 면할 수 없으니, 모름지기 각자 생각을 살펴 스스로를 속이지 말아야 할 것이다.

評曰 上來法語 如人飮水 冷暖自知 聰明不能敵業 乾慧未免苦輪 各須察念 勿以自謾

23

말만 공부하는 무리들은 설법시에는 깨
우친 듯하다가도, 실제 경계에 맞닥치게
되면 미혹함으로 돌아간다. 이른바 말과
행동이 서로 어긋나는 것이다.

學語之輩 說時似悟 對境還迷 所謂言行 相違者也
학어지배 설시사오 대경환미 소위언행 상위자야

이것이 위에서 말한 스스로 속는다[自謾]는 뜻의 매듭이다.
말과 행동이 다르니 진실과 거짓을 가히 가려낼 수 있을 것
이다.

此結上自謾之意 言行相違 虛實可辨

죽고 사는 것에 맞서고자 한다면 모름지기 이 한 생각을 '탁[爆]' 깨뜨리는 경지를 얻어야 비로소 벗어나게 될 것이다.

若欲敵生死 須得這一念子 爆地一破 方了得生死
약욕적생사 수득저일념자 폭지일파 방요득생사

'탁'이란 새까만 통을 깨뜨리는 소리니 칠통을 깨뜨린 연후에
야 생사의 문제와 맞설 수 있음이라.

　　모든 부처님이 수행 과정[因地]에서 행한 것은 오직 이뿐
이다.

爆地 打破漆桶聲 打破漆桶然後 生死可敵也 諸佛因地法行者 只此而已.

────────

인지因地: 수행이 아직 부처를 이루기 전 단계, 곧 부처의 씨를 심고 그 싹을 키
워 나가는 수행 기간.

25

그러나 한 생각을 '탁' 하고 깨뜨린 연후
에도 반드시 밝은 스승을 찾아가 안목이
바른지를 점검해 보아야 한다.

然一念子 爆地一破然後 須訪明師 決擇正眼
연일념자 폭지일파연후 수방명사 결택정안

이 일은 결코 쉽지 않으니 모름지기 부끄러운 생각을 내야 한다. 도道란 큰 바다와 같아서 들어갈수록 깊어지니 부디 적은 깨달음에 만족하지 말라. 깨친 후에 밝은 스승을 만나지 못하면 제호 같은 좋은 맛이 독약이 될지도 모를 일이다.

此事極不容易 須生慚愧始得 道如大海 轉入轉深 愼勿得少爲足 悟後若不見人 則醍醐上味 翻成毒藥

───

제호醍醐: 우유에 갈분을 타서 미음같이 쑨 죽. 옛날 인도에서 우유를 가지고 만든 것이 다섯 가지가 있었는데, 제호가 그중 가장 품질이 뛰어나 맛이 좋고 열병에 특효약으로 쓰였다고 한다. 히말라야에 있는 '비니' 풀만 뜯는 소의 젖으로 만든 것이 더욱 좋은 품질이었다고 한다.

26

옛 어른이 이르길,
"다만 그대의 바른 안목이 중요하지 행실
은 중요하지 않다" 하였다.

古德云 只貴子眼正 不貴汝行履處
고 덕 운 지 귀 자 안 정 불 귀 여 행 리 처

옛날에 앙산이 위산선사의 물음에 답하길 "열반경 40권이 모두 마귀의 말[魔說]."이라 했으니, 이것이 앙산선사의 바른 안목이다. 앙산선사가 또한 '행위의 결과'에 대해 묻자 위산선사가 대답하길 "다만 그대의 바른 안목이 중요한 것이다."라고 답했다. 이것이 바른 안목에 눈뜨고 난 이후, 뒤의 행위를 말하는 까닭이다. 그러므로 만약 수행을 하고자 한다면 먼저 단박에 깨쳐야 한다고 한 것이다.

昔仰山答潙山問云 涅槃經四十券 總是魔說 此仰山之正眼也 仰山又問行履處 潙山答曰 只貴子眼正云云 此所以先開正眼而後 說行履也 故云 若欲修行 先修頓悟

바라건대 공부하는 이들은 스스로의 마음을 깊이 믿어 자신을 굽히지도 말고 높이지도 말라.

願諸道者 深信自心 不自屈 不自高

원제도자 심신자심 부자굴부자고

이 마음은 평등해서 본래 범부와 성인이 따로 없다. 사람에 따라 미혹됨과 깨달음이 있고 범인과 성인이 있다. 스승의 격려와 가르침으로 말미암아 올연히 참된 나를 깨닫고, 부처와 다를 바가 없다는 것을 깨치는 것이 '돈'[頓悟: 단박에 깨침]이다. 이런 까닭으로 스스로 굽히지 말라는 것이니 본래 한 물건[一物]은 없다고 하는 것과 같다. 깨달음에 의해 과거의 습관을 끊고 점차 범부가 성인이 되는 것이 '점'[漸修:점진적 수행으로 깨달음]이다. 이것이 스스로를 높이지 말라는 까닭이니 때때로 부지런히 털고 닦으라고 한 것이 그것이다.

굽히는 것은 교敎를 공부하는 이의 병통이요, 높이는 것은 선禪을 공부하는 이의 병통이다. 교를 공부하는 이는 깨달음에 드는 비결이 있다는 선문을 믿지 못하여 방편적 가르침에 깊이 매몰되고, 특히 진리와 망상에 집착하여 몸과 마음을 닦는 수행을 못하고 남의 보배만 헤아리니 스스로 굽히고 물러나는 마음이 생겨난다. 선을 공부하는 이는 번뇌를 끊는 바른 길이 있다는 것을 믿지 못하기에 비록 더러운 습관이 일어나더라도 부끄러워하지 않으며, 공부의 단계가 초심자 수준이나 법에 대해 거만한 생각이 많아 하는 말마다 교만한 것이다. 이 까닭에 마음을 닦을 뜻이 있는 자는 스스로 굽히지도 스스로 내세우지도 말아야 한다.

此心平等 本無凡聖 然約人 有迷悟凡聖也 因師激發 忽悟眞我 與佛無殊者 頓也 此所以不自屈 如云本來無一物也 因悟斷習 轉凡成聖者 漸也 此所以 不自高 如云時時勤拂拭也

屈者 敎學者病也 高者 禪學者病也 敎學者 不信禪門 有悟入之秘訣 深滯 權敎 別執眞妄 不修觀行 數他珍寶故 自生退屈也 禪學者 不信敎門有修斷 之正路 染習雖起 不生慚愧 果級雖初 多有法慢故 發言過高也 是故得意修 心者 不自屈不自高也

평

스스로 굽히지도 말고 스스로 내세우지도 말라는 것은, 간략히 말하자면, 첫마음을 낼 때에 이미 바다처럼 넓은 부처의 마음이 들어 있다는 것이고, 믿는 마음 한자리일지라도 근원에서 55단계 수행 과정이 들어 있는 것이다.

評曰 不自屈不自高者 略擧初心因該果海 則雖信之一位也 廣擧菩薩果徹 因源 則五十五位也

28

미혹한 마음으로 도를 닦으면 다만 무명
만 키울 뿐이다.

迷心修道 但助無明
미심수도　단조무명

깨달음이 만약 철저하지 않다면 수행이 어찌 참되다 할 수 있으랴. 깨달음과 수행의 의미는 기름과 밝음이 서로 의지하고 눈과 발이 서로 도움과 같다.

悟若未徹 修豈稱眞哉 悟修之義 如膏明相賴 目足相資

29

수행의 요체는 단지 범부의 번뇌를 없앰
에 있지 따로 성인의 깨달음이란 없다.

修行之要 但盡凡情 別無聖解

수 행 지 요 단 진 범 정 별 무 성 해

병이 나아 약을 면하니 본인으로 돌아온다.

病盡藥除 還是本人

중생의 마음을 버리려 하지 말고 스스로
의 본성을 더럽히지 마라. 정법을 구한다
는 마음이 바르지 못한 것이다.

不用捨衆生心 但莫染汚自性 求正法是邪
불용사중생심 단막염오자성 구정법시사

버리고 구하는 것 모두가 다 더럽히는 일이다.

捨者求者 皆是染汚也

번뇌를 끊는 것을 이승二乘이라 하고, 번뇌가 생기지 않는 것을 대열반이라 한다

斷煩惱 名二乘 煩惱不生 名大涅槃

단 번 뇌 명 이 승 번 뇌 불 생 명 대 열 반

이승二乘: 대승법을 일승一乘 소승법을 이승二乘이라 부른다. 설법을 듣고 깨닫는 것을 성문聲聞, 혼자 깨닫는 것을 연각緣覺이라 하는데 이 둘 모두를 아우르는 말이기도 하다. 대승을 전혀 믿지 않는 이승을 우법 이승, 생각을 돌이켜 대승으로 나아가는 이승을 불우법 이승이라고도 한다.

열반涅槃: 번뇌와 망상이 일어나고 꺼짐이 없어져 지극히 고요하고 청정한 경지를 말한다. 소승법에서는 번뇌를 끊어버리고 생각을 일으키지 않아야 열반에 든다고 하고 대승법으로는 번뇌가 본래 없는 이치를 깨달으면 생각이 일어나도 일어나는 것이 아니라고 본다. 따라서 열반에 들고 나고 할 것 없이 무엇이나 어느 때나 다 열반이라, 이것이 곧 대열반이다. 흔히 스님들의 죽음을 열반이라고 부르지만, 실은 열반의 본뜻과는 상관없는 말이다.

'끊는다[斷]'는 것은 끊는 주체[能]와 끊을 대상[所]이 나누어져 있다는 뜻이요, 번뇌가 생겨나지 않는다는 것은 행위의 주체와 대상의 차이가 없음이라.

斷者 能所也 不生者 無能所也

━━━━

능소能所: 어떤 행위의 주체와 객체, 인식의 주관과 객관.

모름지기 마음을 비우고 스스로를 비추
어 모든 현상이 한 생각 인연따라 이루어
지지만 나고 없어짐이 없음을 믿어야 한
다.

須虛懷自照 信一念緣起無生
수 허 회 자 조 신 일 념 연 기 무 생

이는 단지 성품의 일어남을 밝힌 것이다.

此單明性起

자세히 살펴보면 살생, 도둑질, 음행, 거
짓말이 한 마음을 좇아 일어나니 바로 그
자리가 비어 있는데 모름지기 다시 끊을
게 무엇인가?

諦觀殺盜淫妄 從一心上起 當處便寂 何須更斷
제 관 살 도 음 망　종 일 심 상 기　당 처 변 숙　하 수 경 단이는 성품[性]과 현상[相]을 함께 밝힌 것이다.

此雙明性相

경전에 이르기를 "한 생각이 일어나지 않음은 영원히 무명을 끊는 것"이라 하였다. 또 이르길 "생각이 일어날 때 곧 실체가 없음을 바로 알라."고 하였다.

經云不起一念 名爲永斷無明 又云念起卽覺

환상[幻]임을 알면 곧 벗어나니 방편을 지을 것이 없고, 환상에서 벗어남은 곧 깨우침이니 또한 닦아 나갈 것도 없다.

知幻卽離 不作方便 離幻卽覺 亦無漸次
지환즉리 부작방편 이환즉각 역무점차

마음은 환상을 만드는 마술사요, 몸은 환상이 사는 성이다. 세계는 환상의 옷이요, 이름과 형상은 환상의 음식이다. 심지어 마음이 일어나고 생각이 움직임, 거짓과 진실도 환상 아닌 게 없음이라. 또 시작도 없는 아득한 환상 같은 무명이 모두 깨달은 마음에서 나니, 환상을 보는 것은 허공의 꽃을 보는 것과 같아서 환상이 사라지면 텅빈자리[不動地]라 하는 것이다. 꿈에 병이 나서 의원을 찾던 사람이 잠에서 깨어나면 방편이 필요 없게 되는 것처럼, 환상임을 알면 역시 이와 같은 것이다.

心爲幻師也 身爲幻城也 世界幻衣也 名相幻食也 至於起心動念 言妄言眞 無非幻也 又無始幻無明 皆從覺心生 幻幻如空華 幻滅名不動 故夢瘡求醫 者 寤來無方便 知幻者亦如是

방편方便: 불보살佛菩薩이 중생衆生을 제도濟度하기 위해 쓰는 수단.
부동지不動地: 보살승 십지十地 가운데 여덟 번째 항목으로, 수행이 완전히 완성된 상태를 말한다. 온갖 주체와 대상이 끊어진 경지로 어떤 번뇌에도 움직이지 않는 경지이다. 더 이상 애쓰지 않아도 자연스럽게 자기와 남을 이롭게 하는, 너그럽고 부드러운 행동이 저절로 이루어지는 경지로 설명된다.

35

중생이 나는 것 없는 가운데 망령되이 생
사와 열반을 보는 것은 마치 허공의 꽃이
나타났다 사라짐을 보는 것과 같다.

衆生於無生中 妄見生死涅槃 如見空花起滅

중생어무생중 망견생사열반 여견공화기멸

성품은 본래 남[生]이 없으므로 생사와 열반도 없다. 허공[空]에는 본래 꽃이 없는 까닭에 나타났다 사라짐이 없다. 생과 사를 보는 것은 허공에 꽃이 나타나는 것을 보는 것과 같음이라. 그리하여 나타남은 본래 나타남이 없는 것이고 사라짐은 본래 사라짐이 없는 것이니 이 두 가지 견해에 대해서 옳고 그름을 따져 봐야 소용없는 일이다. 그러므로 〈사익경思益經〉에 이르길 "모든 부처님이 세상에 나옴은 중생을 제도하기 위함이 아니라 오로지 생사 열반 두 견해를 제도하기 위함."이라고 하였다.

性本無生故 無生涅也. 空本無花故 無起滅也. 見生死者 如見空花起也. 見涅槃者 如見空花滅也. 然起本無起 滅本無滅 於此二見 不用窮詰 是故思益經 云 諸佛出世 非爲度衆生 只爲度生死涅槃二見耳

36

보살은 중생을 건져 멸도滅度에 들게 한다
지만 진실로 열반을 얻은 중생은 없다.

菩薩 度衆生入滅度 又實無衆生得滅度
보살 도중생입멸도 우실무중생득멸도

모든 번뇌의 얽매임에서 벗어나고, 진리를 깨달아 불생불멸의 법을 체득
한 경지로 불교佛教의 궁극적인 실천 목적이다. 열반이라고도 한다.

보살은 다만 생각생각마다 중생을 위할 뿐이다. 생각의 본체가 공함을 깨닫는 것이 곧 중생을 제도하는 것이며, 생각이 이미 공적空寂한 자에게는 실로 제도될 중생이 없다.

菩薩只以念念 爲衆生也 了念體空者 度衆生也 念旣空寂者 實無衆生得滅度也 此上論信解

실무중생득멸도實無衆生得滅度: 보살이 수많은 중생을 구제했는데도 사실은 구제받은 중생이 없다는 이 말은, 보살은 자기가 한 일에 마음을 두지 않기 때문이다. 그리고 마음이나 부처나 중생의 근원이 조금도 차별이 없는 것이라면 누가 구제를 하고 누가 구제를 받을 것인가를 말한 것이다.

공적空寂: 텅비어 이으면서도 고요한 상태.

37

이치는 비록 단박에 깨칠 수 있으나 번뇌
와 망상은 단박에 사라지지 않는다.

理雖頓悟 事非頓除
이 수 돈 오 사 비 돈 제

문수보살은 지혜로 천진天眞한 이치를 통달했고 보현보살은 보살행에서 연기緣起를 밝혔다. 이해는 번갯불 같아도 행동은 어리석은 자식[窮子] 같은 것이다. 이하에서 닦는 것과 깨치는 것을 말한다.

文殊達天眞 普賢明緣起 解似電光 行同窮子 此下論修證

문수보살과 보현보살: 모든 보살들은 모두 부처님 공적 가운데 일부분만을 나타내 그것을 특징으로 삼는다. 문수보살은 지혜를 보현보살은 자비를 특징으로 삼는다.

법화경 신해품에 나온 '궁자窮子': 한 장자가 어려서 집을 나간 아들이 성 밖에서 남의 집 변소를 치우며 사는 것을 알고 그 아이를 데려오게 했다. 아들이 그 집에 와서 보니 엄청난 부잣 집이었다. 생리에 맞지 않았던 궁자는 아무도 모르게 달아났다. 장자는 방법을 달리해 이번에는 집안 변소 치우는 사람을 성 밖으로 보내 궁자와 가까이 지내게 한 다음, 품삯이 많음을 들어 빌미로 궁자를 데려와 같이 변소 치우는 일을 하게 했다. 그것으로도 모자라 장자 스스로 변소 치우는 일을 하며 속을 털어 놓는 사이가 되었다. 그 뒤 장자는 궁자로 하여금 재산을 관리하는 일을 맡게 했다. 이렇게 사이가 가까워진 뒤 임종에 이르러 장자는 궁자가 자기 친아들임을 밝혔다.

38

음탕하면서 선을 수행함은 모래를 쪄서 밥을 지으려는 것과 같고, 살생을 하면서 선을 수행함은 귀를 막고 소리를 지르는 것과 같다. 도둑질을 하면서 선을 수행하는 것은 새는 그릇이 채워지길 바라는 것과 같고, 거짓말하면서 선을 수행함은 똥으로 향기를 만드려는 것과 같으니, 설령 많은 지혜가 있다 하더라도 모두 마귀의 도를 이루리라.

帶婬修禪 如蒸沙作飯 帶殺修禪 如塞耳叫聲 帶偸修禪
如漏巵求滿 帶妄修禪 如刻糞爲香 縱有多智 皆成魔道
대음수선 여증사작반 대살수선 여색이규성 대투수선
여누치구만 대망수선 여각분위향 종유다지 개성마도

이는 수행 규칙을 밝힌 것으로 세 가지 번뇌를 없애는 공부를 말함이라. 소승小乘은 내려준 법을 계율로 삼아 대략 그 끝만을 다스리고, 대승은 마음을 거두는 것[攝心]을 계율로 삼아 그 근본을 세밀하게 끊는다. 그런 즉 소승의 법계는 몸으로 범하는 잘못은 없지만 대승의 심계는 생각으로 범하는 잘못도 없다. 음행은 맑고 깨끗함을 끊고, 살생은 자비를 끊으며, 도둑질은 복덕을 끊고, 거짓은 진실을 끊어 버린다.

능히 지혜를 이루어 여섯 가지 신통력을 얻는다 해도 살殺, 도盜, 음婬, 망妄을 끊지 못하면 반드시 마귀의 도에 떨어져 영원히 보리菩提의 바른 길을 잃느니라. 이 네 가지 계율은 모든 계율의 근본인 까닭에 특별히 그것을 밝힘은 생각조차 범함이 없도록 하려 함이다.

분별이 없음이 계戒요, 헛된 생각이 없음이 정定이요, 거짓이 없음이 혜慧다. 또 계는 도둑을 잡고 정은 도둑을 묶는 것이고 혜는 도둑을 죽이는 것이다. 또 계라는 그릇이 올곧고 단단해야 정의 물이 맑고 깨끗해져 모름지기 지혜의 달이 드러나니 이 삼학이 실제 만법의 근원인 까닭에 특히 그것을 밝혀 모든 번뇌를 없게 함이라. 영산회상靈山會上에 어찌 함부로 행동하는 부처가 있겠으며 소림문하에 어찌 거짓을 말하는 조사가 있겠는가.

此明修行軌則 三無漏學也 小乘稟法爲戒 粗治其末 大乘攝心爲戒 細絶其
本 然則法戒無身犯 心戒無思犯也 淫者 斷淸淨 殺者 斷慈悲 盜者 斷福德
妄者 斷眞實也 能成智慧縱得六神通 如不斷殺盜婬妄 則必落魔道 永失菩
提正路矣 此四戒 百戒之根故 別明之 使無思犯也 無憶曰戒 無念曰定 莫
妄曰慧 又戒爲捉賊 定爲縛賊 慧爲殺賊 又戒器完固 定水澄淸 慧月方現
此三學者 實爲萬法之源故 特明之 使無諸漏也 靈山會上 豈有無行佛 少林
門下 豈有妄語祖

무루無漏: 번뇌에서 벗어나거나 번뇌가 없음.
소승小乘: 수행을 통한 개인의 해탈을 가르치는 교법.
대승大乘: 중생을 제도하여 부처의 경지에 이르게 하는 것을 이상으로 하는 법.
보리菩提: 불교에서 최상의 이상인 불타 정각의 지혜.
영산회상靈山會上: 석가모니께서 이 산[靈山]의 정상에서 법화경과 무량수경 등
의 가르침을 펼쳤다.
소림굴: 중국 남북조시대의 인도에서 건너온 달마대사가 9년간 면벽 수행한 곳.
달마대사는 중국, 한국, 일본 등 동아시아권에 선불교를 전해 첫 번째 조사가 되
었다.

39

덕이 없는 사람은 부처님 계율에 의지하지 않고 몸과 입과 뜻을 잘 지키지 않으며, 방탕하게 놀고 게으름을 피우며 타인을 업신여기고 시비를 따지는 것으로 근본을 삼는다.

無德之人 不依佛戒 不護三業 放逸懈怠
輕慢他人 較量是非 而爲根本

무덕지인 불의불계 불호삼업 방일해태
경만타인 교량시비 이위근본

한 번 마음의 계율을 깨뜨리면 백 가지 허물이 한꺼번에 일어
난다.

一破心戒 百過俱生

평

이와 같은 마귀 무리가 말법시대에 왕성히 일어나 정법을 어
지럽히니 공부하는 이는 자세히 헤아려야 한다.

評曰 如此魔徒 末法熾盛 惱亂正法 學者詳之

末法: 부처님이 돌아가신 뒤 세월이 지남에 따라 그 교법이 가르침대로 실행되지
않게 된다는 역사관에 의해 정상말의 세 시대로 분류했다. 즉 처음 오백년은 正
法의 시기로 이때는 교법이 온전히 유포되고 있음은 물론 수행하는 사람도 많고
또한 대개 깨쳐서 성과를 얻게 된다. 그다음 천년은 상법像法, 즉 정법과 비슷한
시기로 교법도 있고 수행인도 있지만 깨치는 사람은 적게 된다. 그다음 1만 년
동안이 말법시기로, 쇠잔하고 미약한 교법이 남아 수행하는 사람도 별로 없다
는 것이다.

40

만약 계율을 지키지 않으면 반드시 들판
의 비루먹은 여우의 몸도 얻지 못할 터인
데 하물며 청정한 깨달음의 열매가 가당
키나 하겠는가.

若不持戒 尙不得疥癩野干之身 況淸淨菩提果 可冀乎

약 불 지 계　상 부 득 개 라 야 간 지 신　황 청 정 보 리 과　가 기 호

계율을 부처님처럼 중히 하면 부처님은 항상 곁에 있을 테니 모름지기 풀에 매어 있던[草繫] 사연과 거위의 구슬[鵝珠] 고사를 본보기 삼아야 할 것이다.

重戒如佛 佛常在焉 須草繫鵝珠 以爲先導

초계草繫 고사: 한 비구가 길을 가다가 도적을 만났다. 도적들이 옷까지 빼앗고 풀에 매어 두고 떠났다. 비구는 풀이 죽을까 염려되어 더위와 허기를 참으며 견뎠다. 마침 사냥 나왔던 왕이 보고 풀어주고는 이유를 물었다. 왕이 비구로부터 그 사연을 듣고 크게 감동하여 불교에 귀의하였다고 한다.

아주鵝珠 고사: 한 비구가 걸식 중에 구슬을 다루는 집에 가게 되었다. 마침 집 주인이 왕의 부탁으로 목걸이를 만들던 중이었다. 주인이 먹을 것을 가지러 들어간 사이에 거위가 와서 구슬 하나를 삼켜 버렸다. 주인이 나와서 구슬이 없어진 걸 보고 비구를 의심하고 책망했으나, 사실을 말하면 거위를 죽일 것이 당연해 비구는 사실을 말하지 않았다. 주인이 비구를 묶고 몽둥이질을 하니, 피가 흘러 내렸다. 그것을 본 거위가 피를 먹으려고 달려오자 주인이 홧김에 거위를 때려 죽였다. 그것을 본 비구가 그제서야 사정을 말하자, 주인이 거위의 배를 갈라 열어 보니 구슬이 나왔다. 주인이 눈물로 참회하며 진심으로 귀의했다 한다.

41

생사에서 벗어나고자 한다면 먼저 탐욕
을 끊고 애욕의 불꽃을 끊어야 한다.

欲脫生死 先斷貪欲 及除愛渴
욕탈생사 선단탐욕 급제애갈

애정은 윤회의 근본이요, 욕정은 생명을 받는 인연이 된다.
부처님께서 이르시길 "음탕한 마음을 제거하지 못하면 속세
에서 벗어남이 불가하다." 하였다. 또한 "은혜와 애정에 한번
묶여 버리면 사람을 끌어다 죄의 문에 밀어 넣는다."고도 하
였다. 애욕의 불꽃이라는 것은 애욕이 간절함의 극에 이름을
말한다.

愛爲輪廻之本 欲爲受生之緣 佛云婬心不除 塵不可出 又云恩愛一縛着 牽
人入罪門 渴者 情愛之至切也

걸림 없는 맑고 깨끗한 지혜는 모두 선정
에서 생겨난다.

無碍淸淨慧 皆因禪定生
무 애 청 정 혜 개 인 선 정 생

범부를 초월해 성인에 들며 앉아 죽고 서서 죽는 것은 모두 선정에서 나오는 힘이다. 그러므로 이르길, 성스러운 도를 구하고자 하면, 이것을 떠나서는 길이 없다.

超凡入聖 坐脫立亡者 皆禪定之力也 故云欲求聖道 離此無路

43

마음이 선정에 들어 있으면 세상의 모든
생멸하는 모습을 알 수 있다.

心在定 則能知世間生滅諸相
심 재 정 즉 능 지 세 간 생 멸 제 상

햇빛 비추는 문틈 새

가는 티끌 고물거리고

맑은 연못 물 밑에

온갖 그림자 또렷하다

虛隙日光 纖埃擾擾 淸潭水底 影像昭昭

어떤 경계를 보아도 마음이 흔들리지 않는 것을 불생이라 이름하고, 불생을 무념이라 하며, 무념을 해탈이라 한다.

見境心不起 名不生 不生名無念 無念名解脫
견견심불기 명불생 불생명무념 무념명해탈

계율이나 선정이나 지혜가 하나를 들면 셋을 갖추니, 홀로 된 것이 아니다.

戒也定也慧也 擧一具三 不是單相

불생不生: 모든 현상은 진여眞如 그대로의 모양이며 늘 존재하는 것으로, 갑자기 생긴 것이 아님을 뜻하는 말.

수행으로 열반을 얻는 것, 이 역시 참이 아니다. 마음이 본래 적멸寂滅함을 아는 것이 곧 참 열반이다. 그래서 말하길 모든 법은 본래부터 늘 그대로 열반이라 하는 것이다.

修道證滅 是亦非眞也 心法本寂 乃眞滅也
故曰諸法從本來 常自寂滅相

수도증멸 시역비진야 심법본적 내진멸야
고왈제법종본래 상자적멸상

눈은 스스로를 볼 수 없으니 눈으로 눈을 본다는 것은 거짓이다. 그래서 문수보살은 생각으로 헤아렸고 유마힐은 침묵으로 말했다. 이 다음부터는 세세한 행동거지와 작은 행실을 낱낱이 들었다.

眼不自見 見眼者妄也 故妙首思量 淨名杜黙 以下散擧細行

유마힐이 병들어 눕자 스님들이 가서 문병을 하는데, 여럿이 불이법 不二法에 대해 논하게 되었다. 마지막으로 문수보살이 '말할 수 없다' 했는데, 유마힐은 아무 말 않고 앉아만 있었다. 그리하여 다들, '유마거사가 둘 아닌 법을 가장 잘 설했다'고 칭찬했다.

46

가난한 이가 구걸하러 오면 분수에 따라
베풀어라, 그들을 한 몸처럼 여겨 베푸는
것이 참된 보시니라.

貧人來乞 隨分施與 同體大悲 是眞布施
빈인내걸 수분시여 동체대비 시진보시

나와 남이 하나가 되는 것을 '동체同體'라 하니, 빈손으로 왔다
가 빈손으로 가는 것, 이것이 우리네 살림살이다.

自他爲一曰同體 空手來空手去 吾家活計

누군가가 와서 해를 끼치더라도 마땅히
스스로 마음을 가다듬어 성내거나 원망
하지 마라. 한 번 성내는 마음이 일어나면
온갖 장애의 문이 열린다.

有人來害 當自攝心 勿生瞋恨 一念瞋心起 百萬障門開
유인내해 당자섭심 물생진한 일념진심기 백만장문개

번뇌가 비록 헤아릴 수 없이 많지만 성냄과 거만함이 가장 심하다. 〈열반경〉에서 이르길 "약을 발라 주든 칼로 베든 둘 다에 무심하라. 성냄은 차가운 구름 속에서 벼락을 일으켜 불을 내게 하는 것과 같다." 하였다.

煩惱雖無量 瞋慢爲甚 涅槃云 塗割兩無心 瞋如冷雲中 霹靂起火來

48

만약 인내하는 수행이 없다면 어떤 수행萬行도 이룰 수 없다.

若無忍行 萬行不成
약 무 인 행 만 행 불 성

만행萬行: 보살이 해야 할 일, 즉 여섯 가지 바라밀을 말한다. 보시布施, 인욕忍辱, 지계持戒, 정진精進, 선정禪定, 지혜智慧·知慧.
바라밀波羅蜜: 태어나고 죽는 현실의 괴로움에서 번뇌와 고통이 없는 경지인 피안으로 건넌다는 뜻으로, 열반에 이르고자 하는 보살의 수행을 이르는 말.

수행법은 비록 헤아릴 수 없이 많지만 자비와 인욕이 그 근원이 된다. 인내하는 마음은 꿈꾸는 것과 같고 욕을 보는 현실은 거북이 털과 같다.

行門雖無量 慈忍爲根源 忍心如幻夢 辱境若龜毛

환몽幻夢 귀모龜毛: 현실성 없는 헛된 꿈이나 거북의 털로, 모두 실제로 있지 않는 것을 표현한 말이다. 수행하는 사람들은 자기 중심적인 고정관념에서 벗어나야 한다. 참으로 나로 내세울 실체가 없는 줄 알면 너와 나의 차별도 있을 수 없다. 따라서 욕을 받을 주체가 없는데 욕을 주고 곤란을 줄 객체가 어디 있겠는가.

49

참된 마음의 근본을 지키는 것이 제일가
는 정진이다.

守本眞心 第一精進

수 본 진 심 제 일 정 진

만약 정진할 마음을 일으킨다면 이는 망상이지 정진이 아니므로, 이르길 "망상하지 마라 망상하지 마라[莫妄想]." 하는 것이다. 게으르고 나태한 자는 시시때때로 뒤를 돌아보니 이는 스스로 공부를 포기하는 사람이다.

若起精進心 是妄非精進 故云莫妄想莫妄想 懈怠者 常常望後 是自棄人也

진언을 외우는 것은, 현생의 업은 비교적
다스리기 쉬워 자기 힘으로도 바로잡을
수 있지만 전생에 지은 업은 지워 버리기
가 어려워, 신력을 필요로 하기 때문이다.

持呪者 現業易制 自行可違 宿業難除 必借神力

지주자 현업이제 자행가위 숙업난제 필차신력

마등기가 깨달음을 얻은 것은 진실로 과장이 아니다. 그러므로 진언에 기대지 않고 마귀의 장애를 쫓아낸다는 것은 있을수 없는 일이다.

摩登得果 信不誣矣 故不持神呪 遠離魔事者 無有是處

마등摩登: 고대 인도에서 가장 천하게 여기는 여자를 마등기라 했다. 남자는 마등가. 마등기 중 '프라크리티'라는 여인이 아난존자에게 반해 요사스런 주문으로 유인, 자기 방으로 불러들인다. 그때 문수보살이 정광신주頂光神呪로써 두 사람을 구해 낸다. 여인은 마침내 머리를 깎고 기원정사에 가서 부처님의 설법을 듣고 곧 깨달아 아라한阿羅漢(소승불교의 수행자 가운데서 가장 높은 경지에 오른 이)이 된다. 능엄경에 나오는 이야기다.

옴 마니 반메 훔: '빌다' '기원하다'의 뜻도 있는 주呪는 한문으로 뜻풀이가 어려워 산스크리트어를 그대로 음역한 것들이 많다. '온 우주에 충만하여 있는 지혜와 자비가 지상의 모든 존재에게 그대로 실현될지어다.'라는 '옴마니반메훔'도 그중 하나다. 모든 죄악이 소멸되고 모든 공덕이 모인다는 의미로 많은 사람들이 외기도 한다.

51

예배란 공경이요 엎드린다는 것이다. 참된 본성을 공경하는 일이요, 진리를 깨닫지 못한 무지의 상태를 굴복시키는 일이다.

禮拜者 敬也伏也 恭敬眞性 屈伏無明
예배자 경야복야 공경진성 굴복무명

몸과 입과 뜻이 청정하면 곧 부처가 세상에 나심이라.

身口意淸淨 則佛出世

염불은 입으로 하면 송誦이고 마음으로
하면 염念이니, 다만 읊기만 하고 생각을
안 한다면 도를 닦는 데 무익하다.

念佛者 在口曰誦 在心曰念 徒誦失念 於道無益
염불자 재구왈송 재심왈념 도송실념 이도무익

나무아미타불 여섯 자 법문은 반드시 윤회를 벗어남의 지름길
이다. 마음으로는 부처님의 세계를 생각하여 잊지 말고, 입으
로는 부처님의 명호를 불러 분명하고 어지러움이 없어야 한다.
이와같이 마음과 입이 서로 응하는 것이 이른바 염불이다.

阿彌陀佛六字法門 定出輪廻之捷徑也 心則緣佛境界 億持不忘 口則稱佛
名號 分明不亂 如是心口相應 名曰念佛

오조 홍인스님이 이르기를 "본래의 참마음을 지키는 것이 시
방세계의 모든 부처를 생각하는 것보다 낫다." 하였다. 육조
혜능스님이 이르길 "항상 다른 부처만 생각하면 생사를 면하
지 못한다. 내 본심을 지키면 곧 깨달음의 세계[彼岸]에 이른
다." 또 이르길 "부처는 본성 가운데에서 이루는 것이지 몸 밖
에서 구하는 것이 아니다." 또 이르길 "어리석은 이는 염불로
극락왕생을 구하지만 깨달은 이는 스스로 그 마음을 깨끗이
하는 것이다." 또 이르길 "무릇 중생이 마음을 깨쳐 스스로 제
도하는 것이지 부처가 중생을 제도할 수는 없다."고 하였다.

위와 같이 모든 덕은 직접 본래 마음을 가리킨 것이지 따로 방편이 있는 것이 아니다. 막 하나의 법을 펼치려 하면 곧 모든 근기에 응한다. 이치는 참으로 그러하다. 그러나 적문迹門에는 실제로 극락세계와 아미타불이 있으며, 마흔여덟 가지의 큰 서원이 있다. 무릇 열 번을 염불하는 자는 이 원력을 받아 연꽃 태중에 왕생하여 곧바로 윤회를 벗어난다. 과거·현재·미래의 모든 부처가 이구동성으로 같은 법을 설하였으며, 시방세계의 모든 보살들도 왕생하기를 서원하였다. 하물며 예로부터 지금까지 왕생한 사람들이 기록을 통해 분명하게 전해지고 있으니, 바라건대 모든 수행자는 부디 그릇되게 인식하지 말고 더욱 힘쓰고 또 힘쓸지어다.

　범어 아미타阿彌陀는 우리말로 무한한 생명을 일컬음이요, 또한 무한한 광명을 일컬음이니, 시방삼세에 제일이신 부처님의 명호라. 전생의 이름은 법장비구였는데 세자재왕世自在王 부처님을 보면서 마흔여덟 가지 서원을 세워 말하길, "제가 부처가 될 때에 시방세계의 모든 하늘의 존재와 인간들에서 장구벌레같이 나는 것과 꿈틀거리고 움직이는 모든 종류에 이르기까지 제 이름을 소리내어 열 번 부르면 그들은 반드시 제 나라[我刹]에서 태어나리니, 이 서원이 이루어지지 못한다면 결코 성불하지 않겠습니다."고 하였다

옛 성인이 이르길 "부처님을 부르는 한마디에 마귀들이 놀라 떨었기에 이름이 저승의 명부에서 지워졌고 금빛 연못에서 연꽃이 핀다." 또 참법懺法에서 이르길 "자력과 타력이 있어 하나는 더디고 하나는 빠르니, 바다를 건너고자 하는 이가 나무를 심어 배를 만들고자 하면 느리나니 이것이 자력이라." 배를 빌려 바다를 건너면 빠르나니 이것이 부처님의 힘에 비유한 것이다. 또 말하길 "어린아이가 큰 불이나 물난리에 쫓겨 부르짖게 되면 곧 부모가 듣고 달려와 구원하듯, 사람이 임종시에 큰소리로 염불하면 부처님은 신통력으로 오셔서 맞이해 갈 것이다." 이런 까닭으로 부처님의 자비는 부모보다 뛰어난 것이요, 중생의 생사의 고통은 물이나 불의 재앙보다 심한 것이라.

누군가 "자기 마음이 정토이니 정토에 가서 날 것이 없으며, 자기 본성이 아미타불이니 아미타불을 보려고 애쓸 것이 무엇인가?"라고 한다. 이 말은 옳으면서도 그르다. 저 부처가 탐내거나 성냄이 없다고 나 역시 탐내거나 성냄이 없는가! 저 부처가 지옥을 변화시켜 연화세계를 만드는 일을 손바닥 뒤집듯 쉽게 하는데 나는 지은 업 때문에 지옥에 떨어질까 늘 두려워하면서, 하물며 지옥을 연화세계로 바꾸겠다고! 저 부처는 이루 헤아릴 수 없는 세계를 눈앞에 있는 것처럼 보는데 담장 밖 일조차 알지 못하면서, 시방세계를 눈앞에 있는 것처

132

럼 본다고? 그런 까닭에 사람마다 본성이 비록 부처이지만 실제 행동은 중생이니, 그 이치와 현실을 논하자면 하늘과 땅만큼 간극이 있는 것이다. 규봉선사가 이르길, "설령 단박에 깨쳤다 하더라도 종국엔 점차 행해야 한다." 하였으니 참으로 옳은 말이다. 그런즉 자신의 본성이 아미타불이라 하는 이에게 묻노니, 어찌 하늘에서 난 석가여래와 스스로 자연히 된 아미타불이 있겠는가. 모름지기 자신을 헤아려 보면 어찌 알지 못하리오. 임종시 생사의 고통에서 진실로 자유로울 수 있겠는가? 만약 그렇지 않다면 한때의 잘난 교만으로 영원히 삼악도에 떨어지지 말아야 하리라.

또한 마명馬鳴과 용수龍樹가 모두 조사스님이지만 모두 분명한 교훈을 내려 극락왕생을 간절하게 권했으니 내가 어떤 사람이기에 왕생을 바라지 않을 것인가. 또 부처님이 친히 이르시길 "서방정토가 여기서 멀어 십만팔천 리를 지나야 한다."고 하신 것은, 어리석은 이들에게 현상만 설명한 것이다. 또 이르시길 "서방정토가 여기서 멀지 않으니, 즉 중생의 마음이 아미타불이다." 하였으니, 이것은 총명한 사람들에게 성품을 설명한 것이다. 가르침[敎]에는 방편[權]과 실상[實]이 있고 말씀에는 드러나는 것과 비밀스러운 것이 있다. 만약 아는 것과 행동이 상응한다면 멀든 가깝든 두루 통하게 될 것이다.

옛 조사의 문하에도 역시 혹 아미타불을 부른 혜원스님이 있었고 혹 주인공을 부른 서암瑞巖이라는 이가 있었다.

評曰 五祖云 守本眞心 勝念十方諸佛 六祖云 常念他佛 不免生死 守我本心 則到彼岸 又云佛向性中作 莫向身外求 又云迷人念佛求生 悟人自淨其心 又云大抵衆生 悟心自度 佛不能度衆生云云 如上諸德 直指本心 別無方便 方將一法 便逗諸根 理實如是 然迹門實有極樂世界 阿彌陀佛 有四十八大願 凡念十聲者 承此願力 往生蓮胎 徑脫輪廻 三世諸佛 異口同音 十方菩薩 同願往生 又況古今往生之人 傳記昭昭 願諸行者 愼勿錯認 勉之勉之.

梵語阿彌陀 此云無量壽 亦云無量光 十方三世 第一佛號也 因名法藏比丘 對世自在王佛 發四十八願云 我作佛時 十方無央數世界 諸天人民 以至蜎飛蠕動之流 念我名十聲者 必生我刹中 不得是願 終不成佛云云

先聖云 唱佛一聲 天魔喪膽 名除鬼簿 蓮出金池 又懺法云 自力他力 一遲一速 欲越海者 種樹作船 遲也 比自力也 借船越海 速也 比佛力也 又曰世間稚兒 迫於水火 高聲大叫 則父母聞之 急走救援 如人臨命終時 高聲念佛 則佛具神通 決定來迎爾 是故大聖慈悲 勝於父母也 衆生生死苦 甚於水火也

有人云 自心淨土 淨土不可生 自性彌陀 彌陀不可見 此言似是而非也 彼佛無貪無嗔 我亦無貪嗔乎 彼佛變地獄 作蓮花 易於反掌 我則以業力 常恐自墮於地獄 況變作蓮花乎 彼佛觀無量盡世界 如在目前 我則隔壁事 猶不知 況見十方世界 如目前乎 是故人人 性則雖佛 而行則衆生 論其相用 天地懸隔 圭峰云 設實頓悟 終須漸行 誠哉是言也

然卽寄語自性彌陀者 豈有天生釋迦自然彌陀耶 須自忖量 豈不自知 臨命終時 生死苦際 定得自在否 若不如是 莫以一時貢高 却致永劫沉墮

又馬鳴龍樹 悉是祖師 皆明垂言敎 深權往生 我何人哉 不欲往生 又佛自云西方去此遠矣 十萬十惡 八千八邪 此爲鈍根說相也 又云西方 去此不遠 卽心衆生 是佛彌陀 此爲利根說性也 敎有權實 語有顯密 若解行相應者 遠近俱通也 故祖師門下 亦有或喚阿彌陀佛者慧遠 或喚主人空者瑞巖

경을 들으면 귀를 스쳐 거치는 인연도 있고 기쁨을 느끼는 복도 짓게 된다.
허깨비 같은 이 몸은 다할 날이 있지만 진실한 행동은 없어지지 않는다.

聽經有經耳之緣 隨喜之福 幻軀有盡 實行不亡
경청유경이지연 수희지복 환구유진 실행불망

이는 슬기로운 공부법을 밝힌 것이니, 금강석을 삼키는 것과 같고 칠보를 보시하는 것보다 나은 것이다. 영명선사가 이르 길 "부처님의 가르침을 듣고 믿지 않더라도, 부처의 종자가 심 어져 맺어진 것이고 배워서 이루지 못하더라도 가히 인간계 와 천상의 복을 덮을 것이다."

此明智學 如食金剛 勝施七寶 壽師云 聞而不信 尙結佛種之因 學而不成 猶 盖人天之福

여식금강如食金剛: 〈화엄경〉에 나오는 말로, 금강석을 먹으면 소화가 되지 않고 그대로 몸 밖으로 나온다. 그처럼 불교에 어떤 작은 인연이라도 맺어 놓으면 마 침내는 번뇌와 고통을 이겨 내고 해탈의 경지에 이르게 된다는 의미다.

54

경을 보되 만약 자기를 향해 공부를 지어
가지 않으면 비록 만 권의 대장경을 전부
본다 해도 아무런 이익이 없을 것이다.

看經 若不向自己上做工夫 雖看盡萬藏 猶無益也

간경　약불향자기상주공부　수간진만장　유무익야

이는 어리석은 공부법을 밝힌 것으로, 화창한 봄날 새가 지저귀고 가을 밤에 벌레가 우는 것과 같으니, 종밀선사가 "글자를 알아 경을 보는 것만으로는 원래 깨칠 수 없고 글귀나 새기고 의미나 풀어 보는 것만으로는 오직 탐욕과 성냄, 그리고 삿된 견해만 왕성해질 것이다."고 일렀다.

此明遇學 如春禽晝啼 秋蟲夜鳴 密師云 識字看經 元不證悟 銷文釋義 唯熾貪瞋邪見

55

공부가 깨달음에 다다르지 못했음에도
보고 들은 것을 자랑하고 뽐내면서 부질
없는 말재주로 상대를 이기려 드는 것은
측간을 화려하게 단청하는 것과 같다.

學未至於道 衒耀見聞 徒以口舌辯利 相勝者 如厠屋塗丹雘
학 미 지 어 도 현 요 견 문 도 이 구 설 변 리 상 승 자 여 측 옥 도 단 확

특별히 말세의 어리석은 공부를 밝히는 것으로, 공부는 본래 자기 본성을 닦는 것인데 오로지 남에게 보이기 위해 익히는 것이라면 이는 참으로 어떤 마음일까.

別明末世愚學 學本修性 全習爲人 是誠何心哉

56

출가한 사람이 외전을 익히는 것은 마치
칼로 진흙을 자르는 것과 같으니, 진흙은
아무런 소용이 없고 자신의 칼만 상하는
격이다.

出家人習外典 如以刀割泥 泥無所用而刀自傷焉

출가인습외전 여이도할니 니무소용이도자상언

외전外典: 불교경전을 내전이라 하고, 이외의 다른 글들을 모두 외전이라
한다.

문밖의 장자 아들, 불타는 집 안으로 돌아간다네.

門外長者子 還入火宅中

문외장자자 환입화택중: 〈법화경〉 비유품에 있는 말. 어떤 장자가 외출에서 돌아와 보니 집이 불타고 있었다. 그런데 아이들이 집 안에서 놀이에 빠져, 아무리 불러도 나오지를 않았다. 생각 끝에 양 수레와 사슴 수레 같은 장난감으로 꾀어 간신히 이끌어 낼 수 있었다. 그런 뒤 흰 소가 끄는 큰 수레에 갈아 태워 평화로운 고장으로 이사시켰다는 이야기다. 이 이야기는 부처님께서 번뇌의 불집 속에 있는 중생들을 이끌어 내기 위해 처음에는 소승(작은 수레)을 보이다가 나중에는 대승(큰 수레) 법으로 교화하여 열반의 저쪽 기슭에 인도함을 비유한 것이다. 힘들게 세속에서 벗어나 출가한 사람이 다시 세속적인 데에 물드는 것은, 불 붙는 번뇌의 집 안으로 다시 들어가는 격이란 뜻이다.

57

출가하여 스님이 됨이 어찌 작은 일이랴.
편안하고 한가함을 구함이 아니며, 따뜻
히 입고 배불리 먹기를 구함이 아니로다.
이익과 명예를 구함이 아니고, 나고 죽음
을 면하기 위함이로다. 번뇌를 끊기 위함
이며, 부처님의 지혜를 이으려 함이며, 삼
계三界에서 벗어나 중생을 제도하려 함이
로다.

出家爲僧 豈細事乎 非求安逸也 非求溫飽也 非求利名也
爲免生死也 爲斷煩惱也 爲續佛慧命也 爲出三界度衆生也

출가위승 기세사호 비구안일야 비구온포야 비구이명야
위면생사야 위단번뇌아 위속불혜명아 위출삼계도중생야

가위 하늘을 찌를 기세의 대장부로세!

可謂衝天大丈夫

三界:
1. 중생이 생사 왕래하는 세 가지 세계로 욕계, 색계, 무색계.
2. 불계佛界, 중생계衆生界, 심계心界의 세 가지.

부처님께서 이르시길 "덧없는 세월의 불꽃이 온 세상을 태워 버린다." 또 이르시길 "중생들의 고통의 불이 사방을 모두 불 사르고 있다." 또 이르시길 "모든 번뇌의 도적들이 항시 사람을 죽이려 기회를 엿보고 있다." 하셨다. 도를 닦는 사람은 마땅히 스스로 경계하고 깨우쳐 마치 머리에 붙은 불을 끄듯 해야 한다.

佛云無常之火 燒諸世間 又云衆生苦火 四面俱焚
又云諸煩惱賊 常伺殺人 道人宜自警悟 如救頭燃

불운무상지화 소제세간 우운중생고화 사면구분
우운제번뇌적 상사살인 도인의자경오 여구두연

몸에는 생로병사가 있고 세상에는 성주괴공成住壞空이 있으며
마음에는 생주이멸生住異滅이 있다. 이것이 덧없는 고통의 불
이 사방을 온통 불사르는 것을 이름이라. 삼가 고하노니 부처
님의 가르침을 구하는 이들이여 시간을 아껴 헛되이 보내지
말지니라.

身有生老病死 界有成住壞空 心有生住異滅 此無常苦火 四面俱焚者也 謹
白參玄人 光陰莫虛度

성주괴공成住壞空: 이루어져 자리잡고 파괴되어 사라지는 것.
생주이멸生住異滅: 생기고 머물고 변화하고 소멸하는 것.

59

세상의 평판을 탐하는 것은 쓸데없이 몸
만 수고롭게 하는 것이요,
세상 잇속을 애써 구하는 것은 타오르는
업의 불길에 땔나무를 보태는 일이다.

貪世浮名 枉功勞形 營求世利 業火加薪
탐세부명 왕공노형 영구세리 업화가신

세상의 평판을 탐하는 것에 대해 누군가 시로 읊기를, 기러기 하늘 끝으로 날아가도 발자취는 모래에 머물러 있고 사람들은 저승으로 가고 이름만 집에 남아 있네

貪世浮名者 有人詩云 鴻飛天末迹留沙 人去黃泉名在家

세상 잇속을 구하는 것을 누군가 시로 읊기를, 온갖 꽃에서 꿀을 모아 만든 뒤에야 누구를 위해 단맛을 내는지도 알지 못하는구나.

營求世利者 有人詩云 採得百花成蜜後 不知辛苦爲誰甛

헛되이 애써 몸을 고단하게 하는 것은 얼음을 파서 조각하는 것과 같으니, 쓸모없는 기교일 뿐이다. 업화에 장작을 더하는 것이니, 추한 것도, 남루한 것도, 아름다운 것도 모두 불을 키우는 장작에 불과하다.

枉功勞形者 鑿氷彫刻 不用之巧也 業火加薪者 麤弊色香 致火之具也

60

명예와 이익을 좇는 납자는 초야에 묻혀
사는 야인만 못하다

名利衲子 不如草衣野人

명 리 납 자 불 여 초 의 야 인

납자衲子: 절에 살면서 불도를 닦고 포교하는 사람. 수행자.

제왕의 자리에 침을 뱉고 설산에 들어간 것은 천 명의 세존이
나도 바뀌지 않을 본보기인데, 말세에 양질호피의 무리들이
염치도 모르고 형세를 바라고 세력을 따르며 몰래 아첨하고
잘 보이려 애쓰니 아, 그 벌을 어이할꼬!

唾金輪入雪山 千世尊不易之軌則 末世羊質虎皮之輩 不識廉恥 望風隨勢
陰媚取寵 噫 其懲也夫

평

마음이 세상 잇속에 물든 자는 권력에 아부하고 풍진에 내몰
리다 도리어 속인들의 웃음거리가 되고 마니, 이런 수행자를
'범의 가죽을 쓴 양'이라 한 까닭은 이런 여러 행실에 근거하
는 것이다.

心染世利者 阿附權門 趨走風塵 返取笑於俗人 此衲子以羊質 證此多行 以
懲也夫三字結之

양질호피羊質虎皮: '속은 양이고 거죽은 범'이라는 뜻으로, 본바탕은 아름답지
못하면서 겉모양만 꾸밈을 비유적으로 이르는 말.

61

부처님께서 이르시길 "어찌하여 도적들
이 거짓으로 내 옷을 입고 석가여래를 팔
아 온갖 나쁜 업을 짓느냐."

佛云 云何賊人 假我衣服 稗販如來 造種種業
불운 운하적인 가아의복 비판여래 조종종업

말법시대 비구에게는 흔히 불리는 이름들이 있으니, 혹은 '박쥐중' 혹은 '벙어리 염소승' 혹은 '까까머리 거사' 혹은 '지옥 찌꺼기' 혹은 '가사 입은 도적' 같은 것들이다. 아! 그리 된 까닭이 무엇인가.

末法比丘 有多般名字 或鳥鼠僧 或啞羊僧 或禿居士 或地獄滓 或被袈裟賊 噫 其所以以此

평

석가여래를 판다는 것은 인과를 부정하고 죄와 복도 없다 하며, 몸뚱이와 말로 물 끓듯이 업을 짓고 사랑과 미움을 번갈아 일으키니, 참으로 애처로운 일이다. 승려도 속인도 아닌 것을 '박쥐중'이라 하고, 혀를 가지고도 설법하지 못하니 '벙어리 염소중'이라 하거니와, 겉은 승려인데 마음은 속인이니 '까까머리 거사'라 하고, 죄가 중해 지옥을 떠나지도 못하니 '지옥 찌꺼기'라 하고, 부처를 팔아 생을 영위하니 '가사 입은 도적'이라 하는 것이다. '가사 입은 도적'이기에 이런 많은 이름을 얻게 된 것이다.

神販如來者 撥因果排罪福 沸騰身口 迭起愛憎 可謂愍也 避僧避俗曰鳥鼠 舌不說法曰啞羊 僧形俗心曰禿居士 罪重不遷曰地獄滓 賣佛營生曰被袈裟 賊 以被袈裟賊 證此多名.

인과因果: 무엇이든 원인 없는 결과는 없고, 결과를 가져오지 않는 원인 또한 없다. 세상의 모든 일이 그렇듯 인과의 법칙대로 움직이는 것이다. 이 세상에 우연이란 절대로 없다. 즉 원인이 없는 결과는 없다는 것이다. 물론 그 결과를 전부 그 즉시로 확인할 수 있는 것은 아니다. 모든 일엔 환경이나 관계가 복잡하게 얽혀 있기 때문이다. 그리하여 불교에서는 이를 삼보三報로 구분한다. 결과를 당장 받게 되는 것을 순현보順現報, 그다음 시기에 받는 것을 순생보順生報, 받기는 받되 언제 받게 될지 일정하지 않은 것을 순후보順後報라 한다. 이 세 가지 과보의 형태는 현생에 실현되기도 하고 여러 생을 통해 나타나기도 한다. 그러므로 착한 사람이 잘못되거나 악한 사람이 잘되는 것은 전생에 지은 바에 따른 보응으로 일시적인 현상일 따름이다. 그리하여 전생의 복이 다하면 타락한다고도 한다.

62

오호, 부처님 제자들이여! 한 벌 옷과 한 끼 양식이 농부의 피땀과 아낙네들의 땀 아닌 것이 없거늘, 도의 안목이 밝지 않다 면 어떻게 이 물건을 쓸 수 있겠는가?

於戲 佛子 一衣一食 莫非農夫之血
織女之苦 道眼未明 如何消得
어 희 불 자 일 의 일 식 막 비 농 부 지 혈
직 녀 지 고 도 안 미 명 여 하 소 득

〈전등록〉에서 '한 수행자가 도의 눈이 밝지 못한 탓에 죽어 버섯이 되어 시주의 은혜를 갚았다.'고 하였다.

傳燈 一道人道眼未明故 身爲木菌 以還信施

그러므로 말하기를 "요컨대 털을 덮어 쓰고 뿔을 머리에 이고 있는 자가 누구인지 아느냐? 곧 지금 신심으로 시주한 것을 헛되이 받고 있는 자이다." 아직 허기지지 않았으면서도 먹고, 춥지 않음에도 옷을 찾아 입는 사람으로 이것은 정녕 무슨 심사일까? 눈앞의 쾌락이 곧 죽고 난 후의 고통임을 도무지 생각지 못함이다.

故曰要識披毛戴角底麼 卽今虛受信施者是 有人未飢而食 未寒而衣 是誠 何心哉 都不思目前之樂 便是身後之苦也

고왈요식피모대각저마 즉금허수신시자시 유인미기이식 미한이의 시성하심재 도부사목전지락 변시신후지고야

〈지도론大智度論〉에서 이르기를, "한 수행자가 좁쌀 다섯 알을 받아 소의 몸으로 태어나, 살아서 뼈가 닳도록 일하고, 죽어서는 가죽과 살까지 갚았으니, 신도의 보시를 헛되이 받으면 그 과보는 메아리처럼 돌아온다." 하였다.

智論 一道人五粒粟 受牛身 生償筋骨 死還皮肉 虛受信施 報應如響

그러므로 이르길 "차라리 뜨거운 철판으로 몸을 가릴지라도 신심 있는 이가 주는 옷을 받지 말 것이며, 차라리 녹은 구리로 입을 적실지라도 신심 있는 이의 음식을 받지 말 것이며, 차라리 끓는 가마솥에 몸을 던질지라도 신심 있는 이의 방이나 집에 거처하지 마라."고 하였다.

故曰寧以熱鐵纏身 不受信心人衣 寧以洋銅灌口
不受信心人食 寧以鐵鑊投身 不受信心人房舍等
고 왈 영 이 열 철 전 신 불 수 신 심 인 의 영 이 양 동 관 구
불 수 신 심 인 식 영 이 철 확 투 신 불 수 신 심 인 방 사 등

〈범망경〉에 이르기를 "파계한 몸으로는 신심 있는 이가 베푸는 온갖 공양과 시주물들을 받지 말지니, 보살이 만약 이런 서원을 세우지 않으면 경구죄를 범하게 된다." 하였다.

梵網經云 不以破戒之身 受信心人 種種供養 及種種施物 菩薩 若不發是願 則 得輕垢罪

경구죄輕垢罪: 허물이 비교적 가벼운 죄.

65

그러므로 말하기를 "수도인은 음식 앞으로 나아가는 것을 독 앞으로 나아가는 것처럼 하고, 시주 받는 것을 독화살 받는 것처럼 해야 한다."고 한 것이다. 융숭한 대접과 달콤한 말은 수도인이 두려워해야 할 것이다.

故曰道人 進食如進毒 受施如受箭 幣厚言甘 道人所畏

고왈도인 진식여진독 수시여수전 폐후언감 도인소외

음식 앞으로 나아가는 것을 독毒 앞으로 나아가는 것처럼 하라는 것은 그 도의 안목을 잃을까 두려워함이요

시주 받는 것을 독화살 받는 것처럼 하라는 것은 도의 과실 잃을까 두려워함이라.

進食如進毒者 畏喪其道眼也 受施如受箭者 畏失其道果也

그러므로 말하기를 "수도인은 한 덩어리 숫돌과 같아서, 장 씨의 셋째가 와서 갈고 이 씨의 넷째가 와서 갈고, 오면서 갈고 가면서 가니, 딴 사람 칼은 날카로워지고 자기 돌은 점차 닳아 없어지게 되는 것과 같다." 그런데 어떤 이는 도리어 다른 사람이 내 돌에 칼을 갈러 오지 않는 걸 불만스러워 하니, 참으로 애석한 일이로다.

故曰修道之人 如一塊磨刀之石 張三也來磨
李四也來磨 磨來磨去 別人刀快 而自家石漸消
然有人更嫌他人 不來我石上磨 實爲可惜

고왈수도지인 여일괴마도지석 장삼야래마
이사야래마 마래마거 별인도쾌 이자가석점소
연유인갱혐타인 불래아석상마 실위가석

이와 같은 수행자가 평생 바라는 바는 오로지 따뜻이 입고
배불리 먹는 것에만 있을 것이다.

如此道人 平生所向 只在溫飽

그러므로 옛말에 또한 이런 말이 있으니 이르길 "삼악도三惡道*의 고통은 아직 고통 도 아니다. 가사袈裟를 입었다가 인간의 몸 을 잃는 것이야말로 정말로 고통이다."

故古語亦有之 曰三途苦未是苦 袈裟下失人身 始是苦也
고 고 어 역 유 지 왈 삼 도 고 미 시 고 가 사 하 실 인 신 시 시 고 야

* 삼악도[三途]: 악인이 죽어서 간다는 세 가지 괴로운 세계 즉, 지옥, 아귀 축생을 말한다. 인간이 인간의 구실을 못할 때, 지옥의 고통과 아귀의 굶 주림과 축생의 우치에서 방황하게 된다는 말이다.

옛사람이 이르길 "금생에 마음을 밝히지 못하면 한 방울 물도 소화시키기 어렵다." 하였으니, 이것이 이른바 가사를 입고 인간의 몸을 잃는다는 것이다. 불자여! 불자여! 분발하고 또 분발할지어다.

古人云 今生未明心 滴水也難消 此所以袈裟下 失人身也 佛子佛子 慎之激之

68

애닯다 이 몸, 아홉 구멍에는 항상 더러운
것이 흐르고, 백 가지 천 가지 부스럼 덩
이를 한 조각 얇은 껍질에 싸 놓았구나.
또 가죽 부대는 똥이 가득한 피고름덩이
니, 고약한 냄새와 더러움이 가득한데 탐
내거나 아까울 것이 무언가. 하물며 백 년
을 잘 길러 놓아 봐야 한 호흡에 은혜를
저버리고 마는 것을.

咄哉 此身 九孔常流 百千癰疽 一片薄皮 又云 革囊盛糞
膿血之聚 臭穢可鄙 無貪惜之 何況百年將養 一息背恩

돌 재 차 신 구공상류 백천옹저 일편박피 우 운 혁낭성분
농 혈 지 취 취예가비 무 탐 석 지 하 황 백년장양 일식배은

위에 말한 모든 업이 모두 이 몸뚱이로 말미암은 것이니, 소리쳐 꾸짖고 깊이 경계함이 있어야 하리라. 이 몸뚱이가 모든 애욕의 근본이니 마침내 그것이 허망한 줄 알게 되면 모든 애욕이 저절로 사라질 것이요, 이를 탐착하면 헤아릴 수 없는 허물과 근심걱정이 일어나게 되는 것이니, 여기에서 특별히 밝혀 수행자의 바른 눈을 뜨게 하려는 것이다.

上來諸業 皆由此身 發聲叱咄 深有警也 此身諸愛根本 了之虛妄 則諸愛自除 如其耽着 則起無量過患 故於此特明 以開修道之眼也

흙, 물, 불, 바람의 사대四大는 주인이 없으므로 네 명의 원수가 하나로 모였다고 한다. 사대는 숨이 끊어지면 은혜를 저버리는 것이니 네 마리 뱀을 하나로 기른다고도 한다. 내가 허망함을 깨닫지 못하므로 남에게 화를 내고 교만을 떨고, 타인 역시 허망함을 깨닫지 못하므로 내게 화를 내고 교만을 떠는 것이니, 마치 두 귀신이 하나의 송장을 두고 다투는 것과 같음이라. 한 송장을 물거품 덩어리라 부르고 꿈 덩어리라 부르고 고생주머니라 부르고 똥무더기라 부르니 빨리 썩어 버릴 뿐 아니라 더럽기 짝이 없다.

위에 있는 일곱 구멍에서는 항상 눈물 콧물이 흐르고 아래 세 구멍에서는 항상 똥오줌이 흐른다. 그러므로 반드시 밤낮으로 봄을 깨끗이 하여야 대중들과 자리를 같이할 수 있으니, 무릇 몸가짐이 거칠고 깨끗하지 못한 수행자는 착한 신도 반드시 배척할 것이다.

〈인과경〉에 이르기를 "더러운 손으로 경전을 만지거나 부처님 앞에서 침을 뱉는 사람은 내세에 뒷간 구더기가 될 것."이라 하였고, 〈문수경〉에서는 "대소변을 볼 때는 나무나 돌처럼 말하거나 소리내지 말고, 벽에 낙서하지 말며 함부로 침을 뱉지 말라."하였다. 또한 이르길 "뒷간에 갔다 와 깨끗이 씻지 않은 사람은 좌선하는 자리에 앉지 말 것이며 법당에도 들어가지 말라." 하였다.

四大無主故 一爲假四冤 四大背恩故 一爲養四蛇 我不了虛妄故 爲他人也
瞋之慢之 他人亦不了虛妄故 爲我也 瞋之慢之 若二鬼之爭一屍也 一屍之
爲體也 一曰泡聚 一曰夢聚 一曰苦聚 一曰糞聚 非徒速朽 亦甚鄙陋
上七孔 常流涕唾 下二孔 常流屎尿 故須十二時中 潔淨身器 以參衆數 凡行
蠱不淨者 善神必背去 因果經云 將不淨手執經卷 在佛前涕唾者 必當獲厠
蟲報 文殊經云 大小便時 狀如木石 愼勿語言作聲 又勿畵壁書字 又勿吐痰
入厠中 又云登厠不洗淨者 不得坐禪床 不得登寶殿

죄를 지었으면 곧 참회하고, 업을 지었으면 곧 부끄러워할 줄 아는 것이 대장부다운 기상이다. 또 허물을 고쳐 스스로 새로워지면, 죄는 마음에 따라 소멸한다.

有罪卽懺悔 發業卽慚愧 有丈夫氣象 又改過自新 罪隨心滅
유죄즉참회 발업즉참괴 유장부기상 우개과자신 죄수심멸

참회란 먼저 지은 허물을 뉘우치고 뒷날에 잘못을 저지르지 않겠다고 맹세하는 일이다. 부끄러워한다는 것은 안으로 자신을 꾸짖고 밖으로 허물을 드러내는 일이다. 그러나 마음은 본래 비어 고요한 것이니 죄업이 붙어 있을 곳이 없다.

懺悔者 懺其前愆 悔其後過 慚愧者 慚責於內 愧發於外 然心本空寂 罪業無寄

70

수행자는 마땅히 마음을 단정히 하고 검
소함과 정직함을 근본으로 삼아야 한다.
표주박 하나와 누더기 옷 한 벌로 어디를
가든 걸릴 것이 없어야 한다.

道人宜應端心 以質直爲本 一瓢一衲 旅泊無累
도인의응단심 이질직위본 일표일납 여박무루

부처님께서 이르시길 "마음이 곧은 줄 같아야 한다." 하였다.
또 이르시길 "곧은 마음이 곧 수행터이다." 하였다. 만약 몸에
대해 욕심내고 집착하지 않으면 어디를 가든 걸릴 것이 없을
것이다.

佛云心如直絃 又云直心是道場 若不耽着身 則必旅泊無累

71

범부는 경계를 취하고 수행자는 마음을
붙잡으려고 한다. 마음과 경계, 곧 참된
깨달음이다.

凡夫取境 道人取心 心境兩忘 乃是眞法
범 부 취 경 도 인 취 심 심 경 양 망 내 시 진 법

눈앞의 경계를 따른다는 것은 사슴이 허공에 있는 꽃을 쫓음과 같고, 마음을 붙잡으려 한다는 것은 원숭이가 물 속에 비친 달을 잡으려는 것과 같다. 경계와 마음이 비록 다르지만 집착하는 병통은 하나이다. 이것은 범부와 이승의 병통을 함께 논한 것이다.

取境者 如鹿之趁空花也. 取心者 如猿之捉水月也. 境心雖殊 取病則一也. 此合論凡夫二乘

천지에는 오히려 진 나라의 해와 달이 없고
산하에는 한 나라의 군신이 보이지 않네

天地尙空秦日月 山河不見漢君臣

성문은 숲속에 조용히 앉아 있어도 마왕
에게 붙잡히고 보살은 세간에서 노닐어
도 바깥 마귀들이 찾지 못한다.

聲聞宴坐林中 被魔王捉 菩薩遊戱世間 外魔不覓

성문연좌림중 피마왕착 보살유희세간 외마불멱

성문은 고요함을 수행으로 삼는 까닭에 마음이 움직이고 마음이 움직이니 곧 귀신에게 발각된다.

보살은 성품이 본래 비어 고요한 고로 자취가 없고, 자취가 없으니 곧 바깥 마귀가 보지 못함이다.

이는 이승과 보살을 아울러 논한 것이다.

聲聞 取靜爲行故 心動 心動則鬼見也 菩薩 性自空寂故 無迹 無迹則外魔不見 此合論二乘菩薩

삼월 꽃길에 한가하게 노니는데
어느 집은 수심에 잠겨 빗속 문을 닫누나

三月懶遊花下路 一家愁閉雨中門

성문聲聞: 부처의 설법을 듣고 이치를 깨달아 열반에 들어간 사람.

73

무릇 사람 목숨이 다해 죽음에 이르렀을 때 오온五蘊이 모두 공空이요, 사대(몸)에는 나라고 할 것이 없음을 보아야 한다. 참 마음은 형상이 없어 가는 것도 아니고 오는 것도 아니며, 성품 역시 태어날 때 가지고 나오는 것이 아니고 죽을 때 없어지는 것도 아니다.

지극히 맑고 고요하여 마음과 경계가 하나인 것이니, 오직 이와 같이 단숨에 깨쳐 삼세三世(과거 현재 미래)의 속박에서 자유로워야 세간을 초월한 자유인이라 할 것이다. 만약 부처를 보아도 따라갈 마음이 없고 지옥을 보더라도 무섭고 두려운 마음이 없어야 한다. 다만 스스로 무심하여 마음이 법계와 같으니, 이것이 곧 중요한 핵심이다. 그런즉 평상시는 씨앗이요 임종시는 그 과실이니, 수도자는 모름지기 주의하여 살펴야 한다.

凡人臨命終時 但觀五蘊皆空 四大無我 眞心無相 不去不來
生時性亦不生 死時性亦不去 湛然圓寂 心境一如 但能如是
直下頓了 不爲三世所拘繫 便是出世自由人也 若見諸佛
無心隨去 若見地獄 無心怖畏 但自無心 同於法界
此卽是要節也 然則平常是因 臨終是果 道人須着眼看

범인임명종시 단관오온개공 사대무아 진심무상 불거불래
생시성역불생 사시성역불거 심연원적 심경일여 단능여시
직하돈요 불위삼세소구계 변시출세자유인야 약견제불
무심수거 약견지옥 무심포외 단자무심 동어법계
차즉시요절야 연즉평상 시인임종 시과도인 수착안간

오온五蘊: 불교의 근본사상 중 하나로 세계를 구성하고 있는 요소를 다섯 가지로 분류한 것. 색色·수受·상想·행行·식識으로, 색은 육체, 수는 감각, 상은 상상, 행은 마음의 작용, 식은 의식.

죽음이 두려운 늘그막에야 석가모니 부처님을 가까이 한다.

怕死老年 親釋迦

이때에는 자신의 본분을 밝혀야 하니

백년 세월이 고개 한 번 돌림이 아닌가

好向此時明自己 百年光影轉頭非

무릇 사람이 목숨이 다해 죽음에 이르렀을 때 만약 털끝만큼이라도 범인이니 성인이니 하는 감정을 떨쳐내지 못하면, 미망에 사로잡혀 당나귀 태나 말 뱃속으로 가 몸을 의탁하거나 지옥 불 속 끓는 물 속에 삶기거나 데쳐진다. 그렇지 않으면 다시 땅강아지, 개미, 모기, 등에와 같은 몸을 받기도 할 것이다.

凡人臨命終時 若一毫毛 凡聖情量不盡 思慮未忘
向驢胎馬腹裏 托質 泥犁鑊湯中煮煠
乃至 依前再爲螻蟻蚊蝱

범인 임명종시 약일호모 범성정량부진사려미망
향로태마복리 탁질 니우확탕중자잡
내지 의전재위누의문맹

백운선사가 이르길 "설사 범인 성인에 대한 집착이 털끝만큼
도 없다 해도 역시 나귀나 말의 뱃속에 드는 것을 면하지는
못하리라." 하였다. 두 소견이 번득이면 육도에 윤회하게 될 것
이다.

白雲云 設使一毫毛 凡聖情念淨盡 亦未免入驢胎馬腹中 二見星飛 散入諸趣

육도六道: 천상, 인간, 아수라, 지옥, 아귀, 축생의 여섯 길.

세찬 불길 활활 붙으니
보배 칼이 번쩍인다

烈火茫茫 寶劍當門

평

이 두 구절은 특별히 큰스님이 무심하여 도에 계합하는 문을
열고, 교教 가운데 염불하여 극락에 가는 문을 막아 놓은 것
을 말한다. 그러나 타고난 근기가 같지 않고 뜻과 원이[志願]
역시 다르니, 각각 양방이 서로 방해되지 않는다. 바라건대 모
든 수행자들은 평상시 분수를 따라 각자 노력하여 최후의 찰
나에 의심하거나 뉘우치지 말지어다.

評曰 此二節 特開宗師無心合道門 權遮教中念佛求生門 然根器不同 志願
亦異 各各如是 兩不相妨 願諸道者 平常隨分 各自努力 最後刹那 莫生疑悔

75

선禪을 수행하는 사람이 만약 본래면목을
깨달아 밝히지 못하면, 곧 외롭고 험한 진
리의 문을 어찌 헤아려 좇아 뚫을 터인가.
왕왕 끊어져 없어진 공空으로 선을 삼기도
하고 침묵을 공으로 하여 도道를 삼기도
하고, 일체 갖춘 게 없는 것으로 높은 소
견高見을 삼기도 한다. 이런 것들은 어둡고
철저하게 비어 있어 병든 바가 깊음이라.
지금 천하에 선을 말하는 많은 이들이 이
런 병을 깔고 앉아 있다.

禪學者 本地風光 若未發明 則孤峭玄關 擬從何透
往往斷滅空以爲禪 無記空以爲道 一切俱無以爲高見
此冥然頑空 受病幽矣 今天下之言禪者 多坐在此病

선학자 본지풍광 약미발명즉 고초현관 의종하투
왕왕단멸공 이위선 무기공 이위도 일체구무 이위고견
차명연완공 수병유의 금천하지언선자 다좌재차병

깨달음으로 가는 마지막 관문은 번뇌도 발붙일 곳이 없다.

운문선사가 이르기를 "빛이 뚫고 빠져나가지 못하는 두 종류

의 병통이 있고, 법신을 꿰뚫어도 역시 두 종류의 병통이 있

으니, 모름지기 하나하나 낱낱이 꿰뚫어야 한다."

向上一關 措足無門 雲門云 光不透脫 有兩種病 透過法身 亦有兩種病 須
一一透得 始得

우거진 풀밭 길을 가지 않으면

꽃이 지는 마을에 이르긴 어려우리

不行芳草路 難至落花村

큰스님들 역시 많은 병통이 있다. 병이 귀와 눈에 있는 이는 눈썹을 치켜 올리고 눈을 부릅뜨는 것과 귀를 기울이며 머리를 끄덕이는 것으로써 선을 삼고, 병이 입과 혀에 있는 이는 말을 바꾸고 뒤집는 것과 어지러이 함부로 할하는 것으로써 선을 삼으며, 병이 손과 발에 있는 이는 앞으로 나아갔다 뒤로 물러서 동쪽을 가리키며 서쪽을 그리는 것으로써 선을 삼고, 병이 가슴과 배에 있는 이는 신묘함을 끝까지 쫓고 오묘함을 궁구하는 것과 감정을 뛰어넘고 자기의 소견을 여의는 것으로 선을 삼으니, 사실대로 말하자면 병 아닌 것이 없도다.

宗師亦有多病 病在耳目者 以瞠眉努目 側耳點頭爲禪
病在口舌者 以顚言倒語 胡喝亂喝爲禪 病在手足者
以進前退後 指東畫西爲禪 病在心腹者 以窮玄究妙
超情離見爲禪 據實而論 無非是病

종사 역유다병 병재이목자 이당미노목 측이점두위선
병재구설자 이전언도어 호할난할위선 병재수족자
이진전퇴후 지동화서 위선 병재심복자 이궁현구묘
초정이견 위선 거실이론 무비시병

부모를 죽인 자는 부처님 앞에서 참회라도 하겠지만, 반야를
비방한 이는 참회할 길이 없다.

殺父母者 佛前懺悔 謗般若者 懺悔無路

허공의 그림자를 붙잡아도 신묘하지 않은데
만물 밖의 자취를 쫓는 게 어찌 뛰어난 근기려나

空中撮影非爲妙 物外追蹤豈俊機

근본 역할을 다하는 큰 스승께서 온전히
제시하는 한 구절은 장승이 박자에 맞춰
노래하는 것과 같고, 달아오른 화로 위에
눈송이가 떨어지는 것과 같으며, 또한 부
싯돌의 불꽃이나 번갯불과 같아서 수행
자가 실로 헤아릴 수 없는 것이다.

그러므로 옛사람이 스승의 은혜를 알고
말하길, "앞선 스승의 깨달음과 덕을 중
히 여길 것이 아니라, 다만 앞선 스승이
나에게 설파하지 않음을 중히 여기라."
한 것이다.

本分宗師 全提此句 如木人唱拍 紅爐點雪
亦如石火電光 學者實不可擬議也 故古人知師恩曰
不重先師道德 只重先師不爲我說破

본문종사 전제차구 여목인창박 홍로점설
역여석화전광 학자실불가의의야고 고인지사은왈
부중선사도덕 지중선사불위아설파

홍로점설紅爐點雪: 빨갛게 달아오른 화로 위에 한 송이의 눈을 뿌리면
순식간에 녹아 없어지는 데에서, 도를 깨달아 의혹疑惑이 일시에 없어짐
을 비유해 하는 말.

깨달음을 말하지 마라, 말하지 마라, 종이와 먹에 오를까 두
려워 하노라.

不道不道 恐上紙墨

화살이 강의 달 그림자를 꿰뚫는다. 반드시 수리를 쏘는 사람
이어야 한다.

箭穿江月影 須是射鵰人

불교를 공부한 분들은 부도부도不道不道를 '말하지 마라 말하지 마라.'로 번역한
다. 선종에서는 가장 중요한 전적典籍으로 치는 벽암록碧巖錄에 나오는 구절의
영향일 것이다. 그런데 여기서 부도부도不道不道도 과연 그렇게 해석되어야 할
까? 여기서는 이 기술의 특성상 앞에 설명한 '앞선 스승의 깨달음先師道'를 받아
주해로서 보충한 것이 아닐까? 단순히 말하지 마라로서의 부정의 의미를 쓰려
했다면 앞의 막망상莫妄想이나 막존지해莫存知解처럼 막莫을 쓰지 않았을까?
따라서 '도를 깨달았다고 말하지 마라'의 의미로 해석하고 싶어지는 구절이다.

78

무릇 학자라면 우선 모름지기 종파의 갈
래부터 상세히 분별해 알아야 한다. 옛날
마조선사가 한번 할하니 백장스님은 귀가
먹고 황벽스님은 혀를 내밀었다. 이 일갈
이 다름 아닌 부처님께서 꽃을 들어 보인
소식이며, 또한 달마대사의 처음 오신 본
래면목이니 아, 이것이 임제종의 근원이
로다.

大抵學者 先須詳辨宗途 昔馬祖一喝也
百丈耳聾 黃蘗吐舌 這一喝 便是拈花消息
亦是達摩初來底面目 吁此臨濟宗之淵源

대저학자 선수상변종도 석마조일할야
백장이롱 황벽토설 저일할 변시염화소식
역시달마초래저면목 우차임제종지연원

진리를 아는 자는 두려워하나, 소리가 나면 곧 때린다.

識法者懼 和聲便打

마디 하나 없는 주장자 하나

밤길 가는 이에게 은근히 내어 주네

杖子一枝無節目 慇懃分付夜行人

평

옛날 마조선사의 '할' 한마디에 백장스님이 대기大機를 얻었고

황벽스님은 대용大用을 얻었으니, 대기라는 것은 원만이 응한

다는 의미이고 대용이라는 것은 바로 끊는다는 의미로 사연

은 〈전등록〉에 보인다.

評曰 昔馬祖一喝也 百丈得大機 黃蘗得大用 大機者 圓應爲義 大用者 直截
爲義 事見傳燈錄

대체로 보아 조사의 종파는 다섯 갈래가 있는데 임제종, 조동종, 운문종, 위앙종, 법안종을 말한다.

大凡祖師宗途有五 曰臨濟宗 曰曹洞宗 曰雲門宗 曰潙仰宗 曰法眼宗

임제종臨濟宗

근본이 되는 스승 석가모니 부처님으로부터 33세 조사 육조 혜능대사 밑에서 곧게 전해 내려가니 남악 회양, 마조 도일, 백장 회해, 황벽 희운, 임제 의현, 흥화 존장, 남원 도옹, 풍혈 연소, 수산 성념, 분양 선소, 자명 초원, 양기 방회, 백운 수단, 오조 법연, 원오 극근, 경산 종고선사 등을 말한다.

本師釋迦佛 至三十三世 六組慧能大師下 直傳 曰南嶽懷讓 曰馬祖道一 曰 百杖懷海 曰黃壁希運 曰臨濟義玄 曰興化存獎 曰南院道顯 曰風穴延沼 曰

---

* 이 부분은 당대唐代 선禪의 계보를 밝힌 것이다. 일반인들에게는 지나치게 전문적이고, 전문 선학자들에게는 별도의 주해가 있어야 할 것 같아, 휴정스님께서 쓰신 그대로만 번역해 한 번호에 정리해 두었다.

首山省念 曰汾陽善昭 曰慈明楚圓 曰楊岐方會 曰白雲守端 曰五祖法演 曰
圓悟克勤 曰徑山宗杲禪師等

조동종曹洞宗

육조대사 아래서 곁갈래로 전해지니 청원 행사, 석두 희천,
약산 유언, 운암 담성, 동산 양개, 조산 본적, 운거 도응선사
등을 말한다.

六祖下傍傳 曰靑原行思 曰石頭希遷 曰藥山惟儼 曰雲巖曇晟 曰洞山良价
曰曹山耽章 曰雲居道膺禪師等

운문종雲門宗

마조의 곁갈래로 전해지니 천황 도오, 용담 숭신, 덕산 선감,
설봉 의존, 운문 문언, 설두 중현, 천의 의회선사 등을 말한다.

馬祖傍傳 曰天王道悟 曰龍潭崇信 曰德山宣鑑 曰雪峯義存 曰雲門文偃 曰
雪竇重顯 曰天衣義懷禪師等

위앙종 潙仰宗

백장의 곁갈래로 전해지니 위산 영우, 앙산 혜적, 향엄 지한, 남탑 광용, 파초 혜청, 곽산 경통, 무착 문희선사 등을 말한다.

百丈傍傳 曰潙山靈祐 曰仰山慧寂 曰香嚴智閑 曰南塔光湧 曰芭蕉慧淸 曰霍山景通 曰無著文喜禪師等

법안종 法眼宗

설봉의 곁갈래로 전해지니 현사 사비, 지장 계침, 법안 문익, 천태 덕소, 영명 연수, 용제 소수, 남대 수안선사 등을 말한다.

雪峯傍傳 曰玄沙師備 曰地藏桂琛 曰法眼文益 曰天台德韶 曰永明延壽 曰龍濟紹修 曰南臺守安禪師等

84

임제의 할喝과 덕산의 방망이棒, 모두 생멸
이 없는 진리〔無生法〕를 철저히 증득하여 꼭
대기에서 바닥까지 모두 꿰뚫었으니, 큰
계기와 큰 작용으로 자유롭고 한계가 없
다. 온몸으로 나타났다 사라지며, 온몸으
로 짊어지니, 물러나 문수보살과 보현보살
의 성인 경계를 지킨다. 그러나 사실에 근
거하여 말한다면, 이 두 스승 또한 도둑 마
음을 가진 귀신 같은 자를 면하지 못한다.

臨濟喝 德山棒 皆徹證無生 透頂透底 大機大用
自在無方 全身出沒 全身擔荷 退守文殊普賢大人境界
然據實而論 此二師 亦不免偸心鬼子
임제할덕산방 개철증무생 투정투저 대기대용
자재무방전신출몰 전신담하 퇴수문수보현대인경계
연거실이론 차이사역불면투심귀자

서늘하고 엄숙한 기운이 털끝을 불어 날리지만, 칼 끝과 칼날은 범하지 않는다.

凜凜吹毛 不犯鋒鋩

반짝이며 차갑게 빛나는 물 위에 떠 있는 구슬인가
쓸쓸히 흩어진 구름 사이로 하늘을 걷는 달인가

燦燦寒光珠媚水 寥寥雲散月行天

85

대장부는 부처님이나 조사 보기를 원수
대하듯 해야 한다. 만약 부처님에게 구하
는 것이 있다면 부처에 얽매이는 것이고,
조사에게 구하는 게 있다면 조사에게 얽
매여 있는 것이다. 구하는 게 있다면 모두
가 고통이니 아무 일 없는 것만 못하다.

大丈夫 見佛見祖如冤家 若著佛求 被佛縛
若著祖求 被祖縛 有求皆苦 不如無事
대장부 견불견조 여원가 약착불구 피불박
약착조구 피조박 유구개고 불여무사

부처와 조사를 원수 대하듯 하라는 것은 첫머리의 '바람 없이 풍랑이 인 것[無風起浪]'의 맺음이라. 구하는 게 있다면 모두 고통이다는 앞의 '사물의 본체는 다른 것이 아니라 이것이다[當體便是]'의 맺음이라. 아무 일 없는 것만 같지 못하다는 앞의 '생각을 내면 곧 어그러진다[動念即乖]'의 맺음이라. 이 경지에 이르면 앉아서 천하 사람의 혀끝을 끊음이니 생사의 빠른 윤회의 수레바퀴를 저절로 멈춤이라. 위급한 순간에 어지러움을 바로잡음은 '단하가 목불木佛을 태우다', '운문이 부처를 개먹이로 삼다', '노파가 문을 닫고 부처를 보지 않으려 하다'는 것과 같이, 모두 삿된 법을 꺾고 바른 것을 드러내려는 수단이니 끝내는 어떻게 해야 하는가.

佛祖如冤者 結上無風起浪也 有求皆苦者 結上當體便是也 不如無事者 結上動念即乖也 到此 坐斷天下人舌頭 生死迅輪 庶幾停息也 扶危定亂 如丹霞燒木佛 雲門喫狗子 老婆不見佛 皆是摧邪顯正底手段 然畢竟如何

송

언제나 떠오르는 강남의 삼월
자고새 우짖고 온갖 꽃 향기 그득한 곳

常憶江南三月裏 鷓鴣啼處百花香

단하소목불丹霞燒木佛: 단하 천연(丹霞天然, 739~824)선사가 길을 가다 해가 저물어 낙동의 혜림사에 들었다. 겨울이라 몹시 추워 불을 좀 피우고 싶어 나무를 찾았지만 없었다. 법당으로 올라가 보니 마침 부처님 상이 목불木佛이었다. 단하선사는 그것을 쪼개 불을 피웠다. 그 절 주지가 그걸 보고 놀라 무슨 짓이냐고 물었다. 그러자 단하선사가 사리를 찾으려 하는 것이라고 답했다. 주지가 "목불에 무슨 사리가 있겠느냐."고 화를 하자, 단하선사가 태연히 지팡이로 재를 헤치며 "사리가 없다면 그냥 나무토막인 게지 무슨 부처님이겠소." 하였다. 주지가 할 말이 없었다.

운문끽구자 雲門喫狗子: 석가모니 부처님께서 정반왕의 태자로 태어나자마자 "우주 가운데 나보다 존귀한 이는 없다(天上天下唯我獨尊)."고 했다고 한다. 이에 대해 많은 사람들이 해석도 하고 칭송도 했는데, 운문선사는 이렇게 말했다 한다 "내가 그때 있었더라면 한 몽둥이로 때려잡아서 주린 개에게나 던져 주어 세상을 태평케 했겠다." 이 말을 들은 여러 선지식들이 운문이야말로 참으로 유아독존의 뜻을 제대로 설명했다, 과연 부처님의 제자답다 하였다.

신령한 빛 어두움 없이 만고에 휘황하니
이 문으로 들어오면 알음알이 두지 마라

神光不昧 萬古徽猷 入此門來 莫存知解
신 광 불 매 만 고 휘 유 입 차 문 래 막 존 지 해

신령한 빛 어두움이 없다는 것은 앞의 '밝고 신령스럽다[昭昭靈靈]'의 맺음이라. 만고에 휘황하다는 것은 '본래부터 나지도 죽지도 않았다[本不生滅]'의 맺음이라. '알음알이 두지 마라[莫存知解]'란 앞의 '이름에 얽매여 깨닫는다는 것은 불가하다[不可守名生解]'의 맺음이라.

문이란 범부나 성인이 든다는 의미가 있어, 하택선사가 이른바 '안다'는 한마디 말이 모든 묘리妙理의 문이라 한 것과 같다.

아! '이름도 없고 모양도 없다'는 것으로 시작하여 '알음알이 두지 마라'는 것으로 끝맺으니, 한데 얽힌 넝쿨들을 한마디 말로 끊어 버렸음이라. 그리하여 시작과 끝을 하나의 앎으로 하고 중간에 온갖 수행을 들어 보였으니 세상의 고전과 세 가지 의미에서 같다. 이러한 알음알이는 불법의 큰 해독인 까닭에 특별히 들어 마친 것이다. 하택선사가 조계의 적자가 되지 못한 것은 이 때문이라.

神光不昧者 結上昭昭靈靈也, 萬古徽猷者 結上本不生滅也, 莫存知解者 結上不可守名生解也, 門者 有凡聖出入義 如荷澤 所謂知之一字 衆妙之門也, 吀起於名狀不得 結於莫存知解 一篇葛藤 一句都破也, 然始終一解 中舉萬

行 如世典之三義也, 知解二字 佛法之大害故 特擧而終之 荷澤神會禪師 不
得爲曹溪嫡子者 以此也

吁起於名狀不得 結於莫存知解 一篇葛藤 一句都破也 然始終一解 中擧萬
行 如世典之三義也, 知解二字 佛法之大害故 特擧而終之 荷澤神會禪師 不
得爲曹溪嫡子者 以此也

이로 말미암아 노래하여 읊길

이처럼 종지를 밝혔으니

서쪽에서 온 푸른 눈 스님 웃어넘기고 마네

그리하여 필경엔 어떠한가, 예끼!

因而頌曰 如斯擧唱明宗旨 笑殺西來碧眼僧 然畢竟如何 咄!

휘영청 달이 밝아 강산은 고요한데

터져 나오는 내 웃음에 천지가 놀라겠네

孤輪獨照江山靜 自笑一聲天地驚

발문

사명유정 | 김상인

위 글은 조계 노화상 퇴은退隱스님께서 지으셨다. 슬프다! 2백
년을 내려오면서 사법師法의 도가 더욱 쇠잔하여 선禪과 교敎
의 무리들이 제각각 다른 견해를 내세우게 되었다. 교敎를 종
지로 하는 이들은 문자 찌꺼기에만 취해 모래알만 셀 뿐으로
오교五敎 위에 곧바로 사람의 마음을 가리켜 스스로 깨달아
들어가게 하는 문이 있음을 알지 못하고, 선禪을 종지로 하는
이들은 천진天眞한 성품만을 믿을 뿐 수행하여 증득하는 도리
는 완전히 부정한다. 그들은 돈오頓悟한 후에 바로 발심하여
만행萬行을 닦고 익혀야 한다는 뜻을 알지 못하는 것이다. 그
리하여 선과 교가 뒤섞여서 끝내 모래와 금을 구분하지 못하
는 것이다. 『원각경』에서 '본래 그대로가 성불한 상태'라고 한
말을 듣고서 본래부터 미혹과 깨달음이 없다는 뜻으로 오해
하여 인과의 도리를 부정하는 것은 그릇된 견해가 되고, 또한
'무명을 닦아 익힌다'는 말을 듣고서 참 성품이 망념을 일으

키는 것이라 생각하여 참되고 변함없는 본성을 잃어버린다면 이 또한 그릇된 견해가 된다는 말이 이것이다.

아아, 위태롭도다! 이 도가 전해지지 못한 것이 어찌 이토록 심한 지경이 되었단 말인가. 명주실처럼 가늘어 끊어질 듯 끊어질 듯 하는 것이 마치 한 올의 머리카락으로 천균千鈞*의 무게를 지탱하는 것과 같으니, 거의 땅에 떨어져 자취조차 사라질 지경이다. 다행스런 일은 우리 큰스님께서 묘향산妙香山에 머무시던 10여 년 동안, 수행하시는 틈틈이 50권의 경론과 어록들을 보시고 일상생활 하는 중에 간간이 요긴하고 간절한 구절들을 참구하고 그때마다 기록해 두셨다가 때때로 문하의 제자들에게 자세히 가르쳐 주셨다. 이는 마치 양을 기르

---

* 일발천균一髮千鈞: 머리카락 한 가닥으로 3만 근을 끈다는 뜻으로, '매우 위태로운 지경'을 비유한다. 1균鈞은 30근斤이다.

는 방법과 같아 지나치는 자는 억누르고 뒤처진 자는 채찍질하여 크게 깨치는 문으로 몰아 넣으셨으니, 노파심이 이처럼 간절하셨지만 몇몇 근기가 둔하고 어리석은 이들은 법문이 너무 높고 어려운 것이 병이 되었다. 스님께서는 그 어둡고 어리석은 이들을 가련하게 여겨 각각의 구절마다 주석을 달아 풀이하시고 차례차례 엮으시니, 여러 마디의 구절들이 한 줄로 이어지고 핏줄이 서로 통하여 팔만대장경의 요체와 다섯 종파의 근원이 여기에 온전히 갖추어져 말씀마다 이치에 부합하고 구절마다 종지宗旨에 들어맞아, 치우쳤던 이는 원만하게 되고 막혔던 이는 통하게 되니 선禪과 교敎의 귀감이요 이해와 실천을 돕는 뛰어난 보약이라 할 만하다.

그러나 큰스님께서는 항상 이런 일을 논하실 때 비록 한 말씀 반 구절이라도 마치 칼날을 다루는 것처럼 조심하시어

행여 종이에 먹칠이나 하는 꼴이 아닌지 걱정하셨으니, 어찌 이 책을 세상에 유통시켜 당신의 능력을 자랑하고자 하셨겠는가! 문인 백운선사 보원白雲禪師普願이 정서[淨寫]하고, 문인 벽천선덕 의천碧泉禪德義天이 교감하였다. 문인 대선사 정원大禪師淨源과 문인 대선사 태상太常과 문인 청하도인 법융青霞道人法融 등은 머리를 조아리고 재배하며 "일찍이 없었던 일이다."라고 감탄한 끝에, 마침내 뜻을 함께하는 예닐곱 사람들과 함께 바랑을 털어 판각하고 유통케 함으로써 큰스님께서 가르쳐 주신 은혜에 보답하고자 하였다.

무릇 장경[大藏經]의 깊은 이치는 바다와 같이 아득하고 깊어 여의주를 찾고 산호를 캐려는 사람들이 어디 가서 구해 볼 것인가? 바다에 들어가는 것을 육지 걷듯 할 수 있는 수단이 아니었다면, 물가를 바라보며 탄식만 할 것이 아닌가? 이처럼 요체를 가려내신 공덕과 어리석음에서 벗어나게 해 주신 은혜는 산과 같이 높고 바다와 같이 깊으니, 설사 만 명의 뼈를 부수고 천 명의 몸뚱이를 가루로 만들어 보답한다고 한들 어찌 털끝만큼이라도 그 은혜를 갚을 수 있겠는가! 천 리 밖에서 듣거나 보고도 놀라거나 의심하지 않고 받들어 읽으면서 보배로 삼는다면 진실로 "천 년이 지나 그 뜻을 알아주는 한 사람"이라 할 것이다.

* 전한前漢 말의 학자 겸 문인인 자운子雲(B.C.53~A.D.18 : 양웅揚雄의 자)이 자신의 글을 알아주는 사람이 없었지만 아무도 원망하지 않고 언젠가는 알아주는 이가 나타나리라고 생각한 일화에 따른다. 한유韓愈가 지은 「여미숙與馮宿」에 "양자운이 『태현경』을 지었는데 사람들이 모두 비웃었으나, 자운은 "세상 사람들이 나를 알아주지 않아도 마음이 상할 것이 없다. 후세에 다시 나 같은 사람이 나타나 반드시 좋아해 줄 것이다 揚子雲 著太玄 人皆笑之 子雲曰 世不我知無害也 後世復有揚子雲 必好之矣 子雲死 近千載竟 未有揚子雲 可嘆也"라고 말하였다. 자운이 죽고 근 천여 년이 지났으나 양자운과 같은 사람은 나타나지 않았으니 안타까운 일이다.

— 만력 기묘년(1579) 봄에 조계종 후손 사명종봉 유정四溟

鍾峯惟政이 선사의 구결口訣에 두 손 모아 예배하고 이어

삼가 발문을 쓰다.

右編 乃曹溪老和尙 退隱師翁所著也 噫! 二百年來 師法益喪 禪敎之徒 各

生異見 宗敎者 唯耽糟粕 徒自算沙 不知五敎上 有直指人心 使自悟入之門

宗禪者 自恃天眞 撥無修證 不知頓悟後 始卽發心 修習萬行之意 禪敎混濫

沙金罔分 圓覺所謂 聞說本來成佛 謂本無迷悟 撥置因果 則便成邪見 又聞

修習無明 謂眞能生妄 失眞常性 則亦成邪見者 是也

嗚呼殆哉 斯道之不傳 何若是其甚也 綿綿涓涓 如一髮引千鈞 幾乎落地無

從矣 賴我師翁 住西山一十年 鞭牛有暇 覽五十本經論語錄 間有日用中 參

決要切之語句 則輒錄之 時與室中二三子 詢詢然誨之 一如牧羊之法 過者

抑之 後者鞭之 驅入於大覺之門 老婆心得徹困 若是其切也 奈二三子鈍根

也 返以法門之高峻爲病焉 師翁愍其迷蒙 各就語句下 入註而解之 編次而

繹之 鉤鎖連環 血脈相通 萬藏之要 五宗之源 極備於此 言言見諦 句句朝

宗 向之偏者圓之 滯者通之 可謂禪敎之龜鑑 解行之良藥也

然 師翁 常與論這般事 雖一言半句 如弄金刃上事 恐上紙墨 豈欲以此流

210

通方外 誇衒己能也哉 門人白雲禪師普願寫之 門人碧泉禪德義天校之
門人大禪師淨源 門人大禪師太常 門人靑霞道人法融等 稽首再拜曰 未
曾有也 遂與同志六七人 傾鉢囊中所儲 入梓流通 以報師翁訓蒙之恩也
大機龍藏 汪洋渺若淵海 雖言探龍珠采珊瑚者 孰從而求之 非入海如陸之
手段 頗不免望涯之歎 然則撮要之功 發蒙之惠 如山之高 若海之深 說若碎
萬骨粉千命 如何報得一毫哉 千里之外 有見之聞之 不驚不疑 敬之讀之 以
爲寶玩 則眞所謂千歲之下一子雲耳

時萬曆己卯春節 曹溪宗遂 四溟鍾峰惟政 拜手口訣 因爲謹跋

평소에 가까이 지내던 후배가 서산대사의 선가귀감禪家龜鑑 원고를 번역했는데 한번 읽어 봐 달라고 부탁을 하기에 처음에는 선뜻 대답을 하지 못했다. 평소에 열심히 그리고 치열하게 살고 있는 친구라는 것은 알고 있었지만 불교공부를 많이 한 것 같지는 않았고, 설령 나 모르는 사이에 공부를 많이 해서 녹록지 않은 선가귀감을 번역했다 하여도 이미 시중에 나와 있는 수많은 번역서에 하나를 보태는 의미밖에 없지 않을까 하는 의구심이 들었기 때문이다.

일단은 한번 읽어 보겠다고 하고 선가귀감을 제대로 공부한다는 생각으로 원고를 읽었다. 전에는 원문을 먼저 읽고 우리말 해석을 보았는데, 이번에는 우리말 번역본을 읽어 가면서 원문을 확인하는 방식으로 보았다. 한 사물이나 현상을 볼 때 나와 다른 시각에서 보는 경우, 아 이렇게 볼 수도 있겠구나, 라고 감탄하게 되는데, 이 원고를 읽으면서 느꼈던 심정이 딱 그랬다.

이 책을 번역하게 된 특별한 동기가 있었는지 물었더니 비록 자기가 불교는 많이 모르지만 요즈음 선명상이 시중에 화제가 되고 있는데 길잡이가 될 만한 책을 찾아보니 쉽게 찾을 수가 없었단다. 접할 수 있는 소위 '선어록'이라고 하는 책자들이 대부분 중국선사들의 얘기고, 그것도 부처님 경전도 아니고 천년이 넘는 당·송 시대에 활동하던 스님들의 법어나 행적을 모아 놓은 것이었으며 전달하는 내용도 쉽지 않았고, 우리나라 스님이 아니라는 점에서 약간의 거부감도 없지 않았다고 한다.

그렇다면 국사책에서 배운 것처럼 원효 스님이나 의상 스님 등 훌륭한 스님들을 배출한 바 있으니만큼 우리나라 스님들이 쓴 자료는 없을까 해서 찾아 보던 중 선가귀감을 만나게 되었다고 한다. 일단은, 우리나라 스님의 글이라는 점에서 호감이 갔고, 그리 멀지 않은 과거에 그것도 역사적으로 불교가 천대받던 시기의 글이기에 세상의 관심을 끌기보다는 철저하게 수행의 지침서로 쓰기 위한 목적으로 썼을 것이라는 생각이 들었단다. 시간을 갖고 차근차근 읽어 보니 스님들뿐만 아니라 우리 보통사람들에게도 선에 관한 일상의 지침서로도 훌륭하겠다는 확신이 들었고, 이런 문제의식을 가지고 불교를 잘 모르는 사람들도 어렵지 않게 읽을 수 있는 책으로 만들어 보고 싶다는 생각으로 선가귀감을 번역하게 되었다고 한다.

현대는 자본주의 물신이 난무하는 시대가 되니 내가 가지고 싶은 것을 얻기 위해서는 흉악한 일도 서슴지 않고 하는 험한 세상이다. 이 세상에 대해서 불교는 모든 현상이 마음의 작용이니 내 마음을 가라앉히고 조절할 수 있으면 이 소용돌이 세상에서 탈출이 가능하다고 가르치고 있다고 진단한다. 그렇다면 구체적으로 마음은 어떻게 다스리며, 어떤 마음가짐으로 일상을 살아가야 하는지를 제시해 줄 수 있어야 할 터인데 불행히도 불교에 익숙하지 않은 일반인에게 마음공부를 어떻게 해야 한다고 제대로 안내하고 있는 지침서가 없는 것이 우리의 현실이다. '덕산방德山棒'과 '임제할臨濟喝'로 대표되는 선문禪門의 어려운 문답들, 그렇지 않으면 명상이나 요가 등 지극히 기술적인 내용만 안내하는 책자들만 접할 수 있다보니 개인적으로도 아쉬움이 많았다. 그러던 차에 과거에 무심히 읽어 보았던 선가귀감을 새로이 읽으면서 번역자가 고민하고 시도한 의미를 충분히 이해하게 되었다.

선가귀감은 서산대사의 저술이지만, 선에 대한 대사의 개인적이고 자의적인 해석이 아니라 50여 권의 경전과 논서, 어록 등에서 수행자들이 공부하는데 꼭 필요한 구절을 가려 뽑아 텍스트를 만들고, 해설을 붙인 책이다. 불교는 물론 유교와 도교에도 해박했던 대사는 유·불·도 삼교의 근원인 마음[心]을 근본으로 하여, 부처가 마음을 전한 것이 선禪이고 말로 전한 것이 교教라고 풀이하고 있다. 그러나, 마음과 말이라는 구분이 '어느 편이 우월하다'라는 왜곡된 해석이 아니라고 암시하고 있다. 즉, 부처님은 만세에 의지처가 되어야 하므로 실상의 이치를 말로 풀어 자세하게 가르치고, 조사는 곧바로 중생들을 제도해야 하기에 그 자취가 마음자리에서 끊어지고 이치가 드러나게 가르치고 있다는 것이다.

선에 대해서는 화두를 참구하는 간화선看話禪 수행법을 제시하고, 간화선의 중요성을 강조하면서도 선과 교를 아우르는 단계적이고 점진적인 수행방안을 안내하고 있다. 먼저 진실된 가르침에 의해 불변不變과 수연隨緣의 의미가 마음 바깥으로 드러난 것이 교教의 모습이므로 부처님 경전을 열심히 공부해야 한다. 공부가 무르익으면 교教를 내려놓고 마음에 드러난 한 생각으로 선禪의 요지要旨를 참구하여야 얻는 바(깨우침)가 있을 것이라고 수행체계의 틀을 설명하고 있다. 다시 말해 돈오頓悟와 점수漸修, 두 문이 수행의 처음과 끝이라고 강조했다. 본문을 중요한 경전에서 인용하고 있지만 친절하게 주해를 달고 있어 선이나 명상에 조금이라도 관심 있는 분이라면 충분히 읽어 낼 수 있을 것이라 믿으며 일독을 권한다.

모쪼록, 어려운 시기에 수행한다는 마음으로 이 책을 번역한 무명의 용기를 부러워하고 찬탄하면서 큰 박수를 보낸다. 부디 이 작은 인연이 큰 공덕이 되기를 기원하면서 두 손 모읍니다.

2025. 3.

三笑齋에서

老佛 김상인 합장

나는 누구이며 끝은 어디일까를 고민하며 찾은 '선가'에서 우연히 한 문자를 보게 되었습니다.

"참선의 선결조건은 망상을 버리는 일이다. 망상을 버리는 가장 간단한 법은 '쉬면 곧 깨닫는다歇卽菩提' 속 '쉼(내려놓음)'만 같은 것이 없다. 모든 반연攀緣을 쉬면 한 생각도 일어나지 않는다."

그리하여, '쉬었고', 겁 없이 달려들어 예까지 이르게 되었습니다. 많은 인연들에 감사드립니다.

2025년 3월

무명 합장

수행자의 거울_선가귀감

초판 1쇄 발행 | 2025년 4월 15일

지은이 청허 휴정
역해 무명
감수 김상인
발행인 한명선

책임편집 김수경
제작총괄 박미실
디자인 모리스

주소 서울시 종로구 평창길 329(우편번호 03003)
문의전화 02-394-1037(편집) 02-394-1047(마케팅)
팩스 02-394-1029
홈페이지 www.saeumbook.co.kr
전자우편 saeum2go@hanmail.net
블로그 blog.naver.com/saeumpub
페이스북 facebook.com/saeumbooks

발행처 (주)새움출판사
출판등록 1998년 8월 28일(제10-1633호)

© 무명 2025
ISBN 979-11-7080-072-9 03220